PROSPERE

COM INTELIGÊNCIA EMOCIONAL NO MUNDO EM DESORDEM

Alto desempenho e saúde mental na era da incerteza

Carlos Aldan de Araújo

PROSPERE

COM INTELIGÊNCIA EMOCIONAL NO MUNDO EM DESORDEM

Alto desempenho e saúde mental na era da incerteza

© 2024 - Carlos Aldan de Araújo
Direitos em língua portuguesa para o Brasil:
Matrix Editora
www.matrixeditora.com.br
/MatrixEditora | @matrixeditora | /matrixeditora

Diretor editorial
Paulo Tadeu

Capa, projeto gráfico e diagramação
Danieli Campos

Copidesque
Joaci Pereira Furtado

Revisão
Cida Medeiros
Silvia Parollo

CIP-BRASIL. CATALOGAÇÃO NA PUBLICAÇÃO
SINDICATO NACIONAL DOS EDITORES DE LIVROS, RJ

A333p

Araújo, Carlos Aldan de
Prospere com inteligência emocional no mundo em desordem /Araújo, Carlos Aldan de
1. ed. - São Paulo: Matrix, 2024.
224 p.; 23 cm.

ISBN 978-65-5616-461-8

1. Inteligência emocional. 2. Saúde mental. 3. Bem-estar. 4. Autorrealização (Psicologia). 5. Técnicas de autoajuda. I. Título.

24-91653   CDD: 152.4
                  CDU: 159.942

Meri Gleice Rodrigues de Souza - Bibliotecária - CRB-7/6439

Sumário

PREFÁCIO **9**

INTRODUÇÃO **11**

CAPÍTULO 1   Impactos da exponencialidade e da pandemia
na sociedade contemporânea........................... **25**

CAPÍTULO 2   A história das emoções, dos primórdios
aos tempos modernos **29**

CAPÍTULO 3   A ascensão da inteligência emocional: de várias teorias
à necessidade prática imprescindível **41**

CAPÍTULO 4   O papel da inteligência emocional **61**

CAPÍTULO 5   Equilíbrio emocional **91**

CAPÍTULO 6   Mudança profunda e duradoura é possível em
qualquer idade: neurogênese e neuroplasticidade........ **105**

CAPÍTULO 7   Motivação intrínseca **109**

CAPÍTULO 8   Consciência social: orquestrando empatia
e direcionando propósito pessoal....................... **137**

CAPÍTULO 9   Empatia: uma exploração profunda **145**

CAPÍTULO 10   O vazio existencial na sociedade contemporânea
e a importância do propósito **181**

CAPÍTULO 11   A metodologia Kronberg para a construção
e descoberta do propósito de vida....................... **191**

CAPÍTULO 12   O impacto da inteligência emocional nos
fatores de sucesso na vida **199**

CONSIDERAÇÕES FINAIS **205**

ANEXOS **209**

REFERÊNCIAS BIBLIOGRÁFICAS **217**

À minha amada, Sandra, cujo amor, apoio e sabedoria tornaram possível cada palavra escrita neste livro. Seu companheirismo é o alicerce do meu ser.

Aos meus filhos, Nicholas, Stephanie, Daniel e Thomas, cuja existência é a luz que guia meu caminho, oferecendo novas perspectivas e um amor que dá sentido à minha jornada e continua a me preencher diariamente.

E em memória de meus pais, Aldan e Dalva, cujo legado de ética, autenticidade, generosidade e o impagável investimento em minha educação me moldaram e continuam a me inspirar e guiar. Este livro é um tributo ao amor que vocês todos me deram e continuam a dar.

Prefácio

A trajetória humana sempre foi marcada por um processo evolutivo gradual. Verdades e métodos se mantiveram inalterados, passando de geração em geração. Heranças culturais e práticas, como técnicas agrícolas e empresariais, são transmitidas, formando uma corrente de saberes aparentemente imutáveis. Contudo, conforme salientado por especialistas, como o engenheiro, médico e empresário dr. Peter Diamandis, estamos testemunhando a transição de uma evolução linear para uma exponencial.

A evolução exponencial redefine a nossa compreensão do progresso. Enquanto 30 passos lineares nos levam a 30 metros, 30 passos exponenciais, ou seja, 1, 2, 4, 8 e assim por diante, podem circundar a Terra vinte vezes. Este poder exponencial está remodelando o mundo que conhecemos: empresas tradicionais falindo repentinamente, startups sem empregados alcançando valorações bilionárias, ciência e tecnologia colocando em xeque tudo que achávamos que sabíamos sobre o universo e tornando obsoletos conceitos outrora sólidos. Tal mudança não está isenta de desafios. Taxas crescentes de homicídios, depressão e de desengajamento no trabalho refletem um mundo em transe.

A necessidade de adaptar nossos pensamentos, emoções e atitudes é imperativa para sobrevivermos e prosperarmos nesta nova era.

Somos parte intrínseca da natureza e, como tal, possuímos a capacidade de nos adaptar física e emocionalmente a essa evolução. Para isso é preciso abraçar novas ferramentas que reestruturem nosso sistema nervoso e programação celular, permitindo uma nova percepção e abordagem aos desafios atuais. O termo científico para essa propriedade de nosso sistema nervoso é neuroplasticidade.

Carlos Aldan, neste livro, explora a relevância da inteligência emocional nesse contexto. A obra apresenta estudos e exemplos que demonstram como o despertar dessa inteligência é fundamental para essa reestruturação humana e enfrentarmos os desafios ambientais, sociais e pessoais contemporâneos. Ele nos apresenta de forma clara e concisa o papel do autoconhecimento e desenvolvimento pessoal para o fortalecimento dessa inteligência.

Também nos oferece dados essenciais para compreendermos a importância das relações humanas e saúde mental, bem como o impacto dos relacionamentos tóxicos e como reconhecê-los. Conforme enfatiza nas páginas seguintes, é necessário cultivar e zelar por bons relacionamentos, pois a união permite emergir uma nova consciência maior que a soma das partes, enquanto a solidão pode reduzir em até quinze anos a expectativa de vida de um ser humano.

Explora de maneira extraordinária a evolução histórica das emoções, destacando a influência das estruturas sociais e culturais na experiência emocional.

A natureza, em sua infinita sabedoria, nos traz a solução através dessa expansão de consciência e inteligência emocional cruciais para a relevância profissional, liderança eficaz e sucesso sustentável no ambiente de trabalho.

É imperativo criarmos um ambiente interior, onde a inteligência emocional é cultivada e possa fluir em novas condutas, percepções, respostas inteligentes e verdadeiramente alinhadas com a inteligência cósmica que nos permeia, já que somos feitos à Sua imagem e semelhança.

Fábio Gabas é neurocientista e especialista em medicina integrativa.

Introdução

Por que a inteligência emocional emerge como uma habilidade essencial para a sobrevivência e prosperidade na contemporaneidade

Em meio à rápida transformação do século XXI, quando a exponencialidade tecnológica se entrelaça com a vivência de uma pandemia global, somos levados a reavaliar nossa realidade social e profissional. Os impactos da "Grande Renúncia" (expressão criada pelo psicólogo norte-americano Anthony Klotz para descrever a onda de pedidos de demissão voluntária nos Estados Unidos durante a pandemia de covid-19) e do *quiet quitting* (desengajamento silencioso) impõem a necessidade de reformular processos gerenciais, adaptar lideranças e fomentar mentalidades flexíveis. Nesse ambiente crescentemente desconhecido, incerto e ambíguo, o aumento preocupante de transtornos mentais e desengajamento no trabalho se faz presente.

Nesse contexto, a inteligência emocional emerge não como uma *soft skill* (habilidade comportamental, competência subjetiva difícil de avaliar), mas como uma habilidade essencial para a sobrevivência e prosperidade na contemporaneidade.

Desde o pioneiro trabalho sobre inteligência emocional, publicado por Peter Salovey e John D. Mayer em 1990 e popularizado por Daniel Goleman em 1995, vivenciamos um aumento na relevância dessa competência. O mundo está em constante transformação, e por isso a necessidade de domínio da inteligência emocional é cada vez mais evidente.

Convivemos com um crescimento acelerado da tecnologia, o qual traz tanto riscos como oportunidades enormes. O conhecimento se expande a passos largos, gerando novos desafios que vão além da capacidade do pensamento racional. Essa incapacidade de lidar com o ritmo de mudança provoca um desconforto sem precedentes na história humana.

Paralelamente, as tecnologias de internet e *mobile* transformaram nossas relações e nossa interação com o mundo. Apesar das vantagens da ubiquidade e velocidade de acesso à informação, algo impensável pouco tempo atrás, o excesso de possibilidades de escolha e a disseminação de *fake news* causam sobrecarga emocional. Vivemos sob o domínio de sentimentos, como medo, ansiedade, tédio e o chamado FOMO (Fear of Missing Out – Medo de Estar Perdendo Algo), prejudicando nossa capacidade de foco, reflexão, análise e observação.

O caminho inescapável para navegar nos desafios do século XXI

Na realidade da exponencialidade do conhecimento, das dimensões desafiadoras da mudança permanente e pervasiva, e da necessária tolerância às incertezas e ambiguidades, a inteligência emocional assume um papel ainda mais fundamental. O pensamento racional, embora seja ótimo para analisar, sequenciar e resolver problemas de variáveis conhecidas, revela-se insuficiente diante de ambientes cada vez mais incertos, desconhecidos e ambíguos. Nesse sentido, a inteligência emocional surge como uma habilidade essencial para lidar com as complexidades e desafios dessa realidade em constante transformação.

Mesmo que uma pessoa detenha competências técnicas e

cognitivas bem desenvolvidas, como um QI elevado e a capacidade de raciocínio lógico, essas habilidades por si só não serão suficientes para resolver os desafios que enfrentamos. Para preservar a relevância profissional, conquistar e manter relacionamentos significativos e duradouros, fortalecer a influência e possuir um desempenho elevado sem comprometer nossa saúde mental e nossos relacionamentos, é necessário ter conexão empática e autêntica e equilíbrio emocional com pessoas, competências essas do domínio da inteligência emocional.

Ao investirmos em nosso desenvolvimento pessoal e na ampliação de nossa inteligência emocional, abrimos caminho para a construção de relacionamentos mais saudáveis, tanto em nosso âmbito pessoal quanto profissional. Essas competências são fundamentais para promover o bem-estar coletivo, a harmonia social e a criação de comunidades mais empáticas e solidárias.

Globalização, investimentos insuficientes em educação, indústria, tecnologia, concentração de renda e outros fatores reduziram a produtividade humana[1], deixando grande parte da população mundial à margem dos benefícios do sistema econômico. Nesse cenário, líderes populistas e autoritários têm se aproveitado da insatisfação e da fragilidade humana para promover medo, raiva e intolerância.

Os eventos globais dos últimos trinta anos, como ataques terroristas e a recente pandemia do coronavírus, ampliaram nossa percepção de vulnerabilidade e insegurança coletivas. Diante de tais desafios, a inteligência emocional emerge como um instrumento poderoso. Desenvolver competências emocionais não é uma solução milagrosa para todos os problemas mundiais, mas contribui para aumentar nossa resiliência pessoal e capacidade de lidar com esses desafios de maneira saudável.

As descobertas mais recentes, apresentadas no relatório *Mental State of the World*, publicado após a coleta de dados em 64 países, corroboram a importância da inteligência emocional. O relatório

---

1 Fonte: Global Productivity. Trends, Drivers And Policies. © 2021 International Bank for Reconstruction and Development / The World Bank.

analisou o bem-estar mental de cerca de 500 mil pessoas. Ele revela que o bem-estar mental não mostrou recuperação após a forte queda dos dois últimos anos, causada pela pandemia de covid-19. Especificamente, jovens adultos entre 18 e 24 anos são cinco vezes mais propensos a enfrentar desafios de saúde mental em comparação com a geração de seus avós[2].

O dado mais alarmante foi a acentuada queda na dimensão do "eu social" – maneira como um indivíduo se percebe em relação à sociedade e às interações com outras pessoas. É parte da identidade de um indivíduo e é formada por meio de interações sociais e percepções de como os outros nos veem – e na capacidade de formar e manter relacionamentos entre as gerações mais jovens. Esses dados sugerem que não temos apreciado de modo pleno a natureza profundamente relacional do ser humano e o papel essencial que os relacionamentos desempenham na manutenção de nossa saúde mental.

Nosso sucesso na criação e obtenção de recursos depende da nossa capacidade de cooperar, sendo em grande parte motivado por um propósito derivado das relações de confiança e afeto. Na busca pelo sucesso material como um caminho para melhorar nosso bem-estar, ao nos afastarmos tão profundamente do cuidado social, estamos paradoxalmente desmantelando o próprio bem--estar e sucesso econômico pelo qual o abandonamos. Se há uma mensagem clara nesses dados, é que devemos reconhecer de forma mais explícita nossa natureza inerentemente relacional e seu papel crucial no bem-estar coletivo.

Como seres humanos, somos animais sociais por natureza, e ao longo de milhares de anos de evolução desenvolvemos forte propensão para nos conectarmos e pertencermos a grupos. Essa necessidade de pertencimento tem suas raízes nas vantagens adaptativas que o vínculo social oferecia aos nossos ancestrais.

Estudos antropológicos e sociológicos têm demonstrado que o pertencimento a grupos sociais proporciona uma série de benefícios,

---

2 *The mental state of the world in 2022*, a publication of the Mental Health Million Project, March 1, 2023.

desde a partilha de recursos e proteção contra ameaças externas até o suporte emocional e psicológico. Viver em comunidades fortaleceu nossa capacidade de enfrentar desafios, buscar alimentos, criar nossos filhos e enfrentar ameaças de forma colaborativa. Nossa sobrevivência como espécie dependia do trabalho em equipe e da cooperação com outros membros do grupo.

Ao valorizarmos e investirmos em relacionamentos saudáveis, estamos honrando nossa herança evolutiva e nutrindo uma parte fundamental de nossa natureza hipersocial. Esses vínculos nos fornecem apoio emocional, compreensão mútua, senso de pertencimento e oportunidades para crescimento pessoal. Ao reconhecermos a importância dessas conexões, estamos respondendo a um chamado ancestral de construir e manter relações significativas que sustentam nossa saúde emocional e mental, bem-estar e prosperidade.

O abandono da nossa biologia hipersocial tem consequências preocupantes, refletidas no aumento alarmante da solidão, na disfuncionalidade das estruturas familiares e na falta de amor na infância. Ao negligenciarmos nossa essência relacional, estamos minando os alicerces de uma sociedade saudável e florescente.

Os índices crescentes de transtornos mentais, desde a síndrome de ansiedade, o *burnout* e a depressão, até os casos trágicos de suicídio, são um alerta contundente para os efeitos devastadores dessa desconexão social. É urgente reconhecermos a importância vital das interações sociais, do apoio emocional e do vínculo humano na promoção da saúde mental e no florescimento individual e coletivo.

Diante de todas as evidências científicas apresentadas, a necessidade premente de desenvolver nossa inteligência emocional (IE) surge clara e inequívoca. As habilidades que compõem a IE, como autoconhecimento, equilíbrio emocional, empatia, otimismo e motivação intrínseca, são essenciais para estabelecer e manter relações autênticas, duradouras e produtivas. Essas competências são cruciais em nossa realidade hipersocial e para a saúde e o bem- -estar de cada indivíduo e da sociedade como um todo.

Portanto, quando falamos sobre a importância dos

relacionamentos saudáveis e significativos, é essencial reconhecer que essa necessidade de conexão é uma resposta profundamente enraizada em nossa biologia e história evolutiva. A solidão e o isolamento social não são apenas experiências negativas, também desafiam e continuam desafiando nossa sobrevivência e bem-estar.

Explorando a nossa natureza hipersocial: os achados do estudo de Harvard

Talvez o estudo mais longevo de que se tem notícia, iniciado em 1938 e conduzido pela Universidade de Harvard, seja a demonstração concreta, mais irrefutável e cientificamente comprovada sobre a necessidade de priorizar a construção de relações saudáveis e significativas em nossas vidas.

O "Estudo de desenvolvimento adulto" de Harvard acompanhou a vida de centenas de participantes ao longo de décadas, fornecendo *insights* valiosos sobre os fatores que contribuem para o bem-estar, a saúde e a longevidade (Vaillant, 2012).

Esse estudo, hoje conduzido por George E. Vaillant e sua equipe, revelou que ter relacionamentos de qualidade, como casamento estável e conexões sociais significativas, estava fortemente associado a melhores resultados de saúde física e mental, maior satisfação com a vida e maior longevidade (Vaillant, 2012).

Em um TED Talk intitulado "O segredo para uma vida longa e feliz", o pesquisador Robert Waldinger discute os achados do "Estudo de desenvolvimento adulto" de Harvard, oferecendo *insights* valiosos sobre o impacto dos relacionamentos em nossa saúde e felicidade ao longo do tempo (Waldinger, 2015). Ele destaca que, enquanto muitos buscam riqueza material e sucesso profissional como meios para uma vida plena, os resultados do estudo mostram consistentemente que o fator mais importante para uma vida saudável e satisfatória são os relacionamentos de qualidade.

Waldinger compartilha evidências empíricas que indicam que relacionamentos íntimos e apoio social são preditores significativos de uma vida mais feliz e saudável. Ele enfatiza que relacionamentos de confiança, conexões emocionais profundas e vínculos sociais positivos têm um impacto duradouro em nosso bem-estar geral.

O TED Talk de Robert Waldinger complementa e reforça os achados do estudo de Harvard, fornecendo uma perspectiva prática e inspiradora sobre como priorizar relacionamentos saudáveis pode realmente nos conduzir a uma vida mais plena e significativa[3].

A solidão: uma contradição à nossa natureza hipersocial

Apesar de todas as evidências científicas sobre a importância dos relacionamentos, a sociedade moderna está enfrentando um desafio crescente de solidão e isolamento social.

Pesquisas recentes, como a realizada pelo *The Economist*, em parceria com a Kaiser Family Foundation, revelam que um número significativo de pessoas em países desenvolvidos se sentem solitárias e isoladas. Segundo essa pesquisa, aproximadamente 9% dos adultos no Japão, 22% nos Estados Unidos e 23% no Reino Unido sempre ou frequentemente se sentem solitários, carentes de companhia ou isolados (*The Economist*, 2018).

Esses dados alarmantes revelam um movimento contrário à nossa natureza inerentemente social. Enquanto evoluímos como seres hipersociais, dependentes de conexões interpessoais para nossa sobrevivência e bem-estar, a sociedade moderna está testemunhando o aumento da solidão e a falta de relacionamentos significativos. A solidão não é apenas um incômodo emocional; ela tem efeitos prejudiciais à saúde. Estudos têm mostrado que a solidão está associada a uma série de problemas de saúde, como doenças cardiovasculares, depressão, ansiedade, abuso de substâncias e declínio cognitivo (Holt-Lunstad *et al.*, 2015; Cacioppo *et al.*, 2010).

Essa discrepância entre nossa natureza hipersocial e o isolamento tem implicações profundas em nossa sociedade. Como indivíduos, é crucial reconhecermos a importância de cultivar relacionamentos saudáveis e conexões sociais significativas. Mas

---

3 Disponível em: https://www.ted.com/talks/robert_waldinger_what_makes_a_good_life_lessons_from_the_longest_study_on_happiness?language=pt-br. Acesso em 8/4/2024.

também é necessário que a sociedade como um todo valorize e priorize o bem-estar emocional e o cuidado mútuo.

Nesse contexto, a inteligência emocional desempenha papel fundamental. A habilidade de reconhecer, compreender e gerenciar nossas próprias emoções, bem como de entender e se relacionar com as emoções dos outros, é essencial para estabelecer, nutrir e manter relacionamentos saudáveis e significativos.

Ao adotarmos uma abordagem mais consciente e intencional em relação aos nossos relacionamentos e ao desenvolvimento de nossa inteligência emocional, podemos construir uma sociedade mais conectada, empática e saudável. Isso requer a valorização do cuidado mútuo, a criação de espaços de apoio e a promoção de programas e políticas que incentivem a construção de relacionamentos saudáveis em todos os níveis da sociedade.

É chegada a hora de abraçar nossa natureza relacional, reconhecer a importância dos relacionamentos saudáveis e cultivar a inteligência emocional como uma ferramenta essencial para uma vida plena, verdadeiramente gratificante e próspera. É por meio da inteligência emocional que podemos enfrentar os desafios contemporâneos e construir um futuro mais harmonioso e significativo para todos.

Quantidade e qualidade dos relacionamentos

A quantidade de relacionamentos também pode trazer benefícios à saúde e bem-estar emocional, especialmente se a rede social for diversificada, incluindo amigos, familiares e colegas (Cornwell & Waite, 2009; Fiori *et al.*, 2006).

É necessário, contudo, ter em mente que relacionamentos de alta qualidade podem ser mais benéficos do que uma ampla rede social com conexões superficiais ou negativas (Holt-Lunstad *et al.*, 2010). Além disso, a necessidade por quantidade e qualidade dos relacionamentos é individual e deve atender às preferências pessoais. O essencial é encontrar um equilíbrio que promova uma sensação de conexão significativa e apoio emocional.

Efeitos dos relacionamentos tóxicos na saúde e bem-estar

Além de reconhecer a importância da qualidade e quantidade dos relacionamentos saudáveis, é fundamental compreender o impacto negativo dos relacionamentos tóxicos em nossa vida. Pesquisas têm evidenciado os efeitos prejudiciais que esses relacionamentos podem ter em nossa saúde física, emocional e mental.

Relacionamentos tóxicos são caracterizados por dinâmicas negativas, abuso emocional, falta de apoio e comunicação prejudicial. Um estudo publicado na revista *Journal of Health and Social Behavior* mostrou que relacionamentos conflituosos e estressantes podem levar a um maior risco de problemas de saúde, incluindo doenças cardiovasculares, depressão e ansiedade (Umberson *et al.*, 2006).

Além disso, relacionamentos tóxicos podem minar nossa autoestima, causar estresse crônico e aumentar os níveis de cortisol, o hormônio do estresse. Isso pode levar a problemas de sono, comprometimento do sistema imunológico e maior vulnerabilidade a doenças (Kiecolt-Glaser *et al.*, 2010).

Estudos também apontam que relacionamentos abusivos podem afetar negativamente nossa saúde mental. Pessoas em relacionamentos abusivos têm maior probabilidade de desenvolver transtornos de ansiedade, depressão e trauma psicológico (Coker *et al.*, 2002; Scott-Storey, 2011).

É importante reconhecer os sinais de relacionamentos tóxicos e buscar apoio para romper esses padrões prejudiciais. Ter consciência dos efeitos negativos desses relacionamentos é o primeiro passo para buscar relacionamentos saudáveis e construtivos.

Ao cultivarmos relacionamentos saudáveis e nos afastarmos dos relacionamentos tóxicos, estamos promovendo um ambiente favorável ao nosso bem-estar emocional e físico.

Estratégias e técnicas para evitar relacionamentos tóxicos

Evitar relacionamentos tóxicos é essencial para promover nosso bem-estar emocional e físico. Embora não exista fórmula mágica, há algumas estratégias e técnicas que podem ajudar a identificar e evitar relacionamentos prejudiciais. Aqui estão algumas delas:

1. *Autoconhecimento:* o autoconhecimento é fundamental para reconhecer nossas próprias necessidades, valores e limites. Quando temos clareza sobre quem somos e o que buscamos em um relacionamento saudável, estamos mais preparados para identificar sinais de toxicidade e estabelecer limites adequados. (Veja nos capítulos seguintes na Metodologia Kronberg de Inteligência Emocional as intervenções para fortalecer seu autoconhecimento.)

2. *Estabelecimento de limites:* é importante estabelecer limites claros desde o início de um relacionamento. Isso envolve comunicar de forma assertiva nossas expectativas, necessidades e valores. Ter limites saudáveis nos protege de relacionamentos abusivos ou desrespeitosos.

3. *Consciência dos sinais de alerta:* familiarizar-se com os sinais de relacionamentos tóxicos pode ajudar a identificar precocemente situações prejudiciais. Esses sinais podem incluir comportamento controlador, abusivo, falta de respeito, desonestidade e manipulação emocional. Ficar atento a esses sinais nos permite tomar decisões mais informadas sobre a continuidade ou término do relacionamento.

4. *Redes de apoio:* cultivar uma rede de apoio consiste em buscar o suporte de amigos, familiares e profissionais de confiança. Essas pessoas podem oferecer perspectivas externas e encorajamento durante momentos difíceis, ajudando-nos a identificar relacionamentos tóxicos e fornecendo apoio durante o processo de rompimento.

5. *Fortalecimento da autoestima:* trabalhar na construção e fortalecimento da autoestima é fundamental para evitar relacionamentos tóxicos. Quanto mais valorizamos e nos respeitamos, menos toleramos relacionamentos prejudiciais. Praticar a autocompaixão, investir em atividades que nos façam sentir bem e desenvolver habilidades pessoais podem contribuir para uma autoestima saudável.

6. *Busca de ajuda profissional:* em casos mais complexos ou em relacionamentos abusivos, buscar ajuda profissional é essencial. Terapeutas, *coaches* e conselheiros especializados podem fornecer suporte emocional, orientação e estratégias específicas para lidar com relacionamentos tóxicos.

Vale lembrar que cada situação é única, essas estratégias podem variar de acordo com a gravidade e complexidade do relacionamento. O importante é estar disposto a priorizar nosso bem-estar e buscar relacionamentos saudáveis, nos afastando de relacionamentos tóxicos que podem prejudicar nossa saúde emocional e física.

É fundamental lembrar que é possível aprender com experiências passadas e desenvolver ou fortalecer sua inteligência emocional para investir e nutrir relacionamentos mais saudáveis no futuro. Investir em nosso crescimento pessoal, autoestima e habilidades de comunicação pode nos capacitar a atrair e manter relacionamentos positivos e gratificantes.

ALERTA: Se você ou alguém que você conhece está enfrentando um relacionamento abusivo, é importante buscar ajuda profissional ou entrar em contato com serviços de apoio a vítimas de violência doméstica em sua região.

A irônica origem do termo *soft skills*

Na década de 1960, psicólogos norte-americanos foram contratados para ampliar o treinamento militar para além da operação de tanques e armas. Em sua busca, reconheceram a importância das habilidades humanas, introduzindo ênfase em liderança e trabalho em equipe, habilidades que permitiam que as tropas fossem mais do que a soma de suas partes e tivessem maiores chances de sucesso em seus desafios profissionais e pessoais.

Foi então que, na tentativa de categorizar os dois tipos de treinamento, deram rótulos diferentes para cada um deles. As atividades relacionadas ao trabalho com armas de aço e alumínio, metais duros, portanto, passaram a ser chamadas de *hard skills*. As atividades de liderança e trabalho em equipe, que exigem habilidades socioemocionais que soldados precisam para ter o sucesso em qualquer papel, foram chamadas de *soft skills*.

Anos mais tarde, os psicólogos recomendaram trocar esse rótulo, uma vez que chamar essas habilidades de *soft* parecia dar uma conotação de fraqueza a esse treinamento. Soldados precisam ser fortes! O irônico é que por essa definição de ambas as categorias de treinamento, qualquer desenvolvimento de habilidades que não sejam para lidar com armas e máquinas de metal deveria ser chamado de *soft skills* – marketing, venda, finanças, contabilidade, jurídico, formulação estratégica, *teambuiding*, confiança, D&I, *feedback*, comunicação etc. E talvez mais irônico ainda seja o fato de que achamos ser "fortes" como soldados sendo treinados em *hard skills*.

Como a origem desses rótulos provavelmente era desconhecida, as *hard skills* foram associadas às ciências exatas e técnicas, enquanto as *soft skills* foram vinculadas às competências comportamentais, com a conotação de serem relegadas a um *status* inferior.

Essa separação criou um paradoxo duradouro, em que habilidades cruciais para a vida e a liderança foram relegadas a segundo plano. Como diz o ditado, velhos hábitos são difíceis de abandonar, apesar de inúmeras evidências de seus anacronismos e obsolescências. Para não recorrer às várias evidências científicas destes últimos quarenta anos, que apontam para a inequívoca importância da inteligência emocional, foi no coração do Vale do Silício, dentro das paredes inovadoras do Google, que esse paradoxo também foi desmascarado.

O Project Oxygen do Google, originalmente focado em selecionar candidatos com sólida formação em ciências exatas, isto é, profissionais das STEM (Ciência, Tecnologia, Engenharia, Matemática) de universidades de elite, revelou uma verdade surpreendente em 2013. Após analisar dados de contratação, desenvolvimento, promoção, produtividade e demissão desde 1998, descobriu-se que as habilidades técnicas estavam em último lugar entre as qualidades mais importantes de seus melhores colaboradores. No topo estavam habilidades como comunicação eficaz, empatia, pensamento crítico – todas *soft skills*, segundo a nomenclatura tradicional.

O Project Aristotle aprofundou essa compreensão ao estudar a dinâmica de equipes. Equipes não eram mais eficazes por terem os cientistas mais brilhantes, mas sim pela inteligência emocional desenvolvida, segurança psicológica e curiosidade pelas ideias dos colegas.

Essas descobertas do Google, corroboradas por múltiplas fontes e evidências científicas, desafiam a visão tradicional. Demonstram que as competências emocionais e comportamentais, longe de serem secundárias, são cruciais para o sucesso e a inovação. Está claro que a era da automação e da tecnologia elevou, em vez de diminuir, a importância dessas habilidades ditas "*soft*".

Estamos, portanto, no limiar de uma revolução de pensamentos, em que a verdadeira força reside não na capacidade de operar máquinas, mas na habilidade de navegar por complexidades emocionais e relacionais.

As competências da inteligência emocional devem, consequentemente, ser chamadas de competências essenciais para a vida! Ou, se preferir, de *power skills*!

1

Impactos da exponencialidade e da pandemia na sociedade contemporânea

O século XXI tem sido marcado por uma série de transformações sem precedentes. O mundo experimentou um período de progresso tecnológico acelerado, caracterizado pela exponencialidade de inovações disruptivas. Paralelamente, a pandemia de covid-19 apresentou desafios inesperados e sem precedentes, exigindo de nós resiliência e capacidade de nos adaptarmos a circunstâncias rapidamente mutáveis.

O marco mais impressionante do avanço tecnológico é a evolução da Inteligência Artificial (IA). Em novembro de 2022, a IA alcançou a impressionante marca de 1,5 bilhão de parâmetros de *machine learning* ("aprendizado de máquina" – sistema que pode modificar seu comportamento de forma autônoma, tendo como base a própria experiência da máquina), um feito notável que já foi superado em larga escala, chegando em 2023 a quase 100 trilhões de parâmetros. Essa exponencialidade, porém, não é isenta de consequências. Ainda que represente avanços inegáveis, também é a fonte de novas incertezas e desafios para a sociedade contemporânea.

Simultaneamente, a pandemia de covid-19 desafiou nossa resiliência e capacidade de adaptação. Uma das transformações mais significativas ocasionadas pela pandemia foi a necessidade de reavaliação dos valores individuais e coletivos. O isolamento e a reflexão forçada resultantes da crise de saúde global reavivaram a busca por um maior sentido de propósito e protagonismo em nossas vidas.

Esse fenômeno teve implicações profundas no mundo do trabalho. O impacto combinado da exponencialidade tecnológica e da pandemia levou a uma mudança na compreensão do trabalho, cada vez mais voltado para a humanização e para o indivíduo como protagonista de sua própria carreira. Esse cenário tem desafiado lideranças a lidar com novas realidades, como a *quiet quitting* (desengajamento silencioso) e a tendência "eu acima de nós", que reflete a crescente demanda por autenticidade e realização pessoal no ambiente de trabalho.

Essas transformações têm levado a um paradoxo: de um lado, uma crescente onda de demissões, de outro, um clamor por *upskilling* (quando adicionamos novas competências às existentes) de lideranças e *reskilling* (quando se faz necessário desenvolver competências totalmente diferentes daquelas que nos trouxeram até aqui porque se tornaram obsoletas) da mão de obra. Nesse contexto, a liderança deve assumir um papel mais humano e abrangente, indo além do cumprimento e cobrança de tarefas e metas. É necessário inspirar, adaptar-se às mudanças, proporcionar *coaching* aos membros da equipe, lidar com diversidade e inclusão e garantir um sentimento de pertencimento. A liderança deve entender e atender às necessidades emocionais dos seus colaboradores, promovendo autocuidado, apoio emocional e engajamento, garantindo assim um ambiente de trabalho mais saudável e produtivo.

No contexto da nova economia de inovação já não basta simplesmente cumprir ordens, realizar tarefas com diligência e possuir conhecimentos técnicos. Essas competências, embora ainda fundamentais, tornaram-se *commodities*, facilmente terceirizáveis para países de baixo custo ou para a própria Inteligência Artificial.

Para além delas, três habilidades humanas tornaram-se essenciais: iniciativa, criatividade e paixão.

Porém, essas habilidades são dons individuais, impossíveis de serem impostos ou negociados. É preciso criar um ambiente que permita a expressão desses dons no ambiente de trabalho. Para tanto, a liderança deve abandonar as práticas de comando e controle do passado industrial, como o estilo predominante ainda hoje, e adotar abordagens que inspirem e libertem as potencialidades individuais dos colaboradores.

A incorporação dessas novas habilidades em nossa compreensão do trabalho nos permite fazer a transição da economia industrial para a economia de inovação. E como fazemos isso? Através do endereçamento dos motivadores intrínsecos e extrínsecos dos seres humanos.

Se por um lado essas transformações representam um enorme desafio para o Brasil, nossas empresas, líderes e profissionais no geral, por outro lado a combinação da exponencialidade da tecnologia com a experiência da pandemia criou uma oportunidade histórica para países como o nosso. Essa combinação nivelou o campo de atuação, uma vez que os paradigmas de gestão e liderança foram revolucionados globalmente e os manuais tradicionais se tornaram obsoletos.

Agora, todos estão partindo do mesmo ponto de largada, enfrentando desafios semelhantes, como altos índices de desengajamento, transtornos mentais e seus custos associados, independentemente de sua origem ou localização.

A conclusão inegável é que estamos diante de uma transformação radical na forma como compreendemos e organizamos o trabalho. A interação entre a exponencialidade tecnológica e os desafios impostos pela pandemia têm levado a sociedade a repensar os conceitos básicos do que significa trabalhar, liderar e ser liderado. Nesse novo mundo, a inteligência emocional emerge como uma competência crucial para lidar com a complexidade e a incerteza inerentes a esse cenário.

2

A história das emoções, dos primórdios aos tempos modernos

No coração da história das emoções está a afirmação ousada de que as emoções têm uma história própria. Muitas vezes, nossa tendência tem sido a de pensar nas emoções como meros acessórios irracionais em nossa jornada histórica, com a razão como principal força condutora. No entanto, as emoções não são apenas consequências passivas da história; elas desempenham um papel ativo e significativo.

Para compreender essa ideia, precisamos entender sofisticadamente a experiência emocional e estarmos abertos a novas perspectivas sobre como as emoções influenciam a causalidade e a mudança histórica. Embora essas ideias não sejam totalmente novas, elas foram expressas de forma similar por Lucien Febvre (1878-1956), historiador francês pioneiro que imaginou uma história das emoções ocupando lugar central no projeto dos Annales.

No coração do projeto dos Annales está uma abordagem inovadora da história que surgiu no século XX, particularmente na França. *Annales d'histoire économique et sociale* é o título de uma revista acadêmica, fundada por Marc Bloch e Lucien Febvre em 1929, que se tornou uma plataforma para a nova geração de historiadores que buscavam renovar a disciplina.

O projeto dos Annales propôs uma visão mais abrangente e interdisciplinar da história, rompendo com a abordagem tradicional, que se concentrava principalmente em eventos políticos e em grandes figuras. Os Annales defendiam a ideia de que a história deveria abordar não apenas os aspectos políticos e econômicos, mas também as estruturas sociais, culturais e mentais que moldam a experiência humana.

Essa abordagem ampliada permitiu que os historiadores explorassem uma variedade de fontes e métodos de pesquisa, incluindo estatísticas, demografia, psicologia, antropologia e geografia. A intenção era construir uma história total, que levasse em consideração múltiplos aspectos da vida e da sociedade.

Os historiadores dos Annales buscavam compreender os padrões de longo prazo e as transformações lentas e graduais que moldaram a história, em vez de se concentrarem apenas em eventos pontuais. Eles acreditavam que a história deveria ser vista como uma continuidade, na qual o passado e o presente estão intrinsecamente interligados.

Essa abordagem também valorizava a importância das estruturas e das mentalidades coletivas na compreensão da história. Os historiadores dos Annales estavam interessados nas mentalidades, nas crenças, nos valores e nas representações coletivas que moldaram as sociedades ao longo do tempo. Seu impacto foi significativo, influenciando não apenas a disciplina histórica, mas também áreas como sociologia, antropologia e ciências sociais em geral.

Além de Febvre, outros estudiosos menos conhecidos também exploraram essas ideias antes dele. Por exemplo, Alexander Bain, George Henry Lewes e outros ofereceram *insights* valiosos sobre a interação complexa entre emoções e história. No entanto, essas ideias foram amplamente negligenciadas até que Carol Zisowitz Stearns e Peter N. Stearns assumiram a liderança, na década de 1980, atraindo a atenção para a importância das emoções na pesquisa histórica.

As emoções no centro da análise histórica

Os Stearns foram pioneiros ao colocar as emoções no cerne da análise histórica, desafiando a visão convencional que as considerava meros acessórios irracionais nos estudos do passado. Eles sustentavam que as emoções desempenham um papel ativo e crucial na conformação dos eventos históricos e na experiência humana em geral.

Uma das contribuições mais significativas dos Stearns foi o desenvolvimento de uma abordagem sistemática para investigar as emoções na pesquisa histórica. Eles advogavam por considerar as emoções como uma categoria de análise a par de fatores políticos, econômicos e sociais, evidenciando que são tanto produtos quanto impulsionadoras da história.

Os Stearns ressaltaram a importância de examinar as emoções em contextos culturais específicos, argumentando que elas são moldadas por fatores culturais, sociais e históricos. Ao estudá-las em diferentes épocas e locais, revelaram como as normas culturais e as estruturas sociais influenciam a vivência emocional.

Além disso, enfatizaram a necessidade de abordar as emoções tanto em nível individual quanto coletivo, reconhecendo que são experienciadas e expressas por indivíduos, mas também moldadas por estruturas sociais e interações coletivas, permitindo uma compreensão mais completa das emoções na história.

Os Stearns também destacaram a importância de considerar as emoções em diferentes contextos históricos, como eventos traumáticos, mudanças sociais e culturais, e processos de colonização e descolonização, argumentando que desempenham um papel crucial na forma como as pessoas experimentam e respondem a esses eventos e processos históricos.

Ao examinar as emoções nesses contextos, forneceram *insights* valiosos sobre as complexidades e nuances das experiências emocionais ao longo do tempo.

Além de suas contribuições teóricas, os Stearns desenvolveram uma metodologia robusta para estudar as emoções na pesquisa histórica, enfatizando a importância de fontes primárias, como diários, cartas e relatos pessoais, para reconstruir a experiência emocional de pessoas em diferentes momentos históricos.

O trabalho dos Stearns teve um impacto significativo no campo da pesquisa histórica das emoções, abrindo caminho para uma nova geração de historiadores interessados em explorar as emoções como uma área legítima de estudo histórico, e influenciando o desenvolvimento de abordagens interdisciplinares que incorporam *insights* da psicologia, antropologia e sociologia no estudo das emoções na história.

Seu legado na pesquisa histórica das emoções continua a ser valorizado e desenvolvido por estudiosos em todo o mundo, abrindo novos caminhos de pesquisa, expandindo os horizontes da compreensão histórica e destacando a importância das emoções como forças poderosas na vida humana.

Caso ilustrativo: como o contexto histórico molda e é moldado por nossas emoções

A pesquisa pioneira dos Stearns em colocar as emoções no epicentro da análise histórica nos fornece uma lente crucial para examinar a situação emocional contemporânea. Suas contribuições enfatizam que as emoções são produtos de seu tempo, moldadas por contextos específicos e influenciadas por estruturas sociais. Essa perspectiva nos convida a considerar o declínio alarmante da saúde mental na sociedade moderna, manifestado em condições como ansiedade, depressão, solidão e desengajamento no trabalho, como reflexo direto das circunstâncias socioculturais atuais.

Vivemos em uma era caracterizada por rápidas transformações tecnológicas, em que, ironicamente, apesar de estarmos mais "conectados" do que nunca através de plataformas digitais, muitos de nós sentem uma crescente sensação de isolamento e inadequação. As redes sociais, embora sejam ferramentas poderosas de conexão, também têm sido apontadas como catalisadoras de sentimentos de solidão e inadequação, amplificando as pressões para se encaixar em padrões muitas vezes inatingíveis de sucesso, beleza e felicidade.

Nesse contexto, a inteligência emocional surge como um pilar fundamental, proporcionando o autoconhecimento necessário para identificarmos nossos modelos mentais, emoções e hábitos, e como estes influenciam nossos pensamentos e comportamentos. Ao desenvolvermos o autoconhecimento, temos a oportunidade de reconhecer e ressignificar nossas mentalidades em resposta ao ambiente atual, favorecendo uma percepção de abundância e possibilidades positivas, tanto no presente quanto no futuro. Esse processo nos permite entender como nossas emoções e mentalidades são moldadas por esse contexto, oferecendo caminhos para mudanças significativas, em como percebemos e interagimos com o mundo ao nosso redor.

Assim, diante desses desafios, a inteligência emocional transcende a sua função de ferramenta de autocompreensão e adaptação; ela se estabelece como um catalisador para a mudança, em que o desenvolvimento de mentalidades positivas e uma perspectiva de futuro rica em oportunidades e abundância nos orientam através dos desafios atuais e, simultaneamente, fomentam a criação de novos contextos sociais marcados por um aumento do bem-estar e conexões humanas mais profundas.

Essa interação entre nossa capacidade de entender e gerir emoções e a nossa ação intencional realça nossa capacidade de influenciar ativamente o ambiente ao nosso redor, indicando que, ao nutrirmos mentalidades otimistas sobre o futuro, efetivamente estimulamos emoções que são propulsoras de uma mudança significativa do contexto presente.

Em consonância com o pensamento dos Stearns, é evidente que as estruturas sociais atuais, particularmente aquelas influenciadas pelo mundo digital, desempenham um papel significativo na moldagem de nossa experiência emocional. A pressão incessante por produtividade, a constante exposição a notícias globais muitas vezes perturbadoras e a velocidade vertiginosa da vida moderna são fatores que contribuem para um terreno fértil para transtornos de saúde mental, ao mesmo tempo em que, com mentalidades positivas sobre um futuro de abundância, construiremos emoções conducentes a uma transformação do contexto atual em um futuro de possibilidades.

Caso ilustrativo: como o contexto histórico molda e é moldado por nossos sentimentos

Dentro desse cenário contemporâneo, em que as emoções são moldadas e influenciadas pelo contexto social e histórico, a obra *American cool: constructing a twentieth-century emotional style* (1994), de Peter N. Stearns, destaca-se como um estudo pioneiro. Stearns investiga meticulosamente a construção cultural do conceito de *"cool"* na sociedade norte-americana ao longo do século XX. Esse conceito, apesar de parecer superficial ou até mesmo frívolo à primeira vista, representa um estilo emocional cujas raízes estão profundamente entrelaçadas com as transformações culturais, políticas e sociais do período.

O autor rastreia a evolução do *"cool"* desde suas origens no jazz e na cultura afro-norte-americana, ilustrando sua propagação e influência ampliada em várias esferas da sociedade estadunidense, como música, moda, cinema e comportamento social. O *"cool"*, nesse contexto, não é apenas uma expressão passageira, mas um reflexo da transformação das normas emocionais em resposta às tensões da modernidade, do consumismo e das mudanças nas relações de poder.

Da mesma forma, Carol Z. Stearns, em *Anger: the struggle for emotional control in America's history* (1986), aprofunda-se na história da raiva nos Estados Unidos. A autora esmiúça como essa emoção específica foi vivenciada, interpretada e, principalmente, regulada ao longo do tempo. Ela destaca a raiva como uma emoção que é socialmente construída e cujas manifestações e significados mudaram em resposta a fatores como gênero, raça, classe social e valores culturais dominantes.

Ambas as obras enfatizam que as emoções não são apenas reações internas e pessoais, elas são moldadas e influenciadas por contextos mais amplos. A raiva, por exemplo, pode ser uma ferramenta poderosa para movimentos sociais e políticos, canalizando a frustração coletiva para a ação e a mudança.

Por outro lado, a mídia social do século XXI tornou-se uma arena para a expressão e manipulação das emoções. A raiva, em particular, tem sido amplificada nas redes, levando a consequências devastadoras, como o aumento das taxas de suicídio entre jovens, especialmente do sexo feminino cisgênero. As divisões agravadas pela mídia social não são apenas políticas ou ideológicas, mas também pessoais, chegando a dividir famílias.

Ao enfrentar esses desafios, torna-se imperativo entender o impacto das emoções na construção de nossas comunidades e na definição de nossas ações, tanto em grupo quanto individualmente. É vital desenvolver um discernimento sobre a influência da cultura e da história no moldar das nossas emoções e, simultaneamente, reconhecer o potencial delas para edificar uma sociedade mais solidária, empática e voltada para a saúde mental e o bem-estar.

Emoções são inatas ou moldadas pela cultura?

Esse campo de estudo sobre o papel das emoções na história não emergiu sem controvérsias. Um debate instigante surgiu sobre a origem das emoções: elas são inatas ou moldadas pela cultura? Essa questão desafiadora colocou historiadores em uma posição delicada, relutantes em desafiar as visões predominantes. Esse debate tem dominado as discussões interdisciplinares sobre emoções, representando um grande desafio para aqueles que adotam posições extremas, e tem exercido uma forte influência nas atualizações da metodologia da Inteligência Emocional da Kronberg, como será explorado nos capítulos seguintes.

No entanto, ao longo do tempo, o debate tem progredido. Para muitos historiadores, essa discussão não é mais motivo de controvérsia, e alguns estão buscando uma abordagem mais convergente e empática com as ciências emocionais. Hoje, os historiadores desempenham um papel essencial na pesquisa das emoções, trazendo uma perspectiva valiosa para entender como elas moldam a história e a sociedade.

Para que essa convergência seja bem-sucedida, é essencial *resistir à suposição de que já possuímos um conhecimento completo sobre as emoções*. Devemos permanecer abertos a novas descobertas, desafiando nossas noções preexistentes e explorando as complexidades e nuances das emoções humanas.

Ao reconhecer a importância dessa perspectiva histórica e do constante avanço do conhecimento sobre as emoções, podemos construir uma compreensão mais completa e informada do papel central que as emoções desempenham em nossas vidas individuais e coletivas. Esse entendimento nos permite abordar a inteligência emocional de maneira mais sólida e eficaz, capacitando-nos a lidar com os desafios do mundo contemporâneo e a alcançar maior bem-estar emocional e sucesso pessoal.

Breve evolução do entendimento do estudo das emoções ao longo da história

A trajetória das emoções na história humana é complexa e intrincada. Nos tempos dos primeiros hominídeos, as reações a eventos, como encontrar um predador, descobrir um novo alimento ou enfrentar a morte de um companheiro, podem ter sido intensas, mas talvez não categorizadas da maneira como definimos emoções hoje. Em vez de serem respostas fixas, é possível que essas reações tenham sido moldadas por uma combinação de fatores biológicos e pelas experiências do grupo. Conforme as sociedades evoluíram, assim também ocorreu com as emoções, tornando-se construções mais refinadas e influenciadas por nossas interações sociais e culturais. Entendemos que essas construções são modeladas e cultivadas por meio de experiências e aprendizados, não sendo simplesmente manifestações universais e inatas.

Conforme avançamos para a Antiguidade, dois filósofos gregos se destacam: Platão e Aristóteles. Platão, em sua obra *A República*, utilizou o mito de Leonteus para ilustrar a batalha interna entre a razão e a emoção. Esse mito retrata um homem que luta contra o desejo de ver os corpos dos mortos, representando a luta entre a razão e a emoção dentro de nós.

Por outro lado, Aristóteles via a emoção e a razão de maneira mais integrada. Ele comparou as emoções a um arco que propulsiona a flecha da ação, enquanto a razão é o arqueiro que direciona o alvo para onde a flecha irá.

À medida que avançamos para a Idade Média e o Renascimento, surgem as primeiras tentativas de catalogar as emoções. Tomás de Aquino, por exemplo, ao abordar as "sete paixões da alma", argumentava que mesmo as emoções consideradas negativas, como a tristeza, poderiam levar a resultados positivos. A tristeza pela morte de um ente querido, por exemplo, poderia levar ao arrependimento por ações passadas e à redenção.

No Iluminismo, David Hume (1711-1776) propôs que é a emoção, não a razão, que nos guia. Ele ilustrou essa ideia ao afirmar que a razão é e deve ser "a escrava das paixões". A razão pode nos dizer como alcançar nossos desejos, mas são as emoções que realmente determinam o que desejamos.

No século XIX, Charles Darwin (1809-1882) argumentou que as emoções são universais e desempenham um papel crucial na evolução. Darwin dizia que a expressão de "medo" em um chimpanzé, por exemplo, é uma demonstração clara do quão fundamentais e universais são nossas emoções.

Ainda no século XIX houve grandes avanços no estudo das emoções. William James (1842-1910) propôs a ideia de que as emoções são a percepção das mudanças fisiológicas que ocorrem em nosso corpo. Segundo James, ao nos depararmos com um urso na floresta, não sentimos medo primeiro e, em seguida, começamos a correr. Na verdade, começamos a correr e, então, percebemos que estamos com medo.

A primeira metade do século XX foi marcada por eventos trágicos, como as guerras mundiais e a crise econômica de 1929, que colocaram em evidência a necessidade de entender as emoções humanas, especialmente aquelas relacionadas ao trauma. Durante a Segunda Guerra Mundial, por exemplo, médicos começaram a identificar e tratar o que hoje conhecemos como transtorno de estresse pós-traumático (TEPT) em soldados que retornavam do *front*.

Nesse contexto, a ascensão do nazismo e o subsequente Holocausto revelaram os perigos de subestimar ou desconsiderar as emoções, perpetuando a ilusão de que o intelecto é superior ao emocional e de que os processos cognitivos podem ocorrer de forma independente das nossas emoções. Essa visão binária, que busca separar excessivamente a racionalidade e a emoção, nos expõe a graves consequências, como evidenciado pelos inúmeros eventos históricos tenebrosos da humanidade. A história de Anne Frank (1929-1945), por exemplo, descreve suas experiências e emoções durante o Holocausto, demonstrando o papel central das emoções na experiência humana.

Ao explorarmos a história das emoções, também devemos reconhecer os momentos sombrios em que elas foram usadas de maneira destrutiva e perigosa. Um exemplo gritante disso é a era da eugenia, que surgiu no final do século XIX e vigorou nas primeiras décadas do século XX. A eugenia defendia a ideia de "melhorar" a raça humana através da seleção e reprodução seletiva, com base em características consideradas desejáveis. Essa abordagem pseudocientífica e discriminatória levou a políticas eugênicas em vários países, resultando em esterilização forçada, segregação e até mesmo genocídio.

O Holocausto durante a Segunda Guerra Mundial é um dos exemplos mais horríveis dos extremos da eugenia. Os nazistas, na busca por uma suposta "raça superior", executaram um plano sistemático de extermínio em massa, levando à morte milhões de pessoas – judeus, ciganos, comunistas, pessoas com deficiência e outras consideradas "indesejáveis".

Esses eventos trágicos são lembranças dolorosas da brutalidade e da crueldade que podem surgir quando as emoções são manipuladas e usadas como justificativa para a opressão e a violência. É uma lembrança de que devemos estar vigilantes e sempre nos esforçar para construir uma sociedade baseada na igualdade, no respeito pelos direitos humanos e na compreensão das complexidades das emoções humanas.

Uma história pessoal que vivenciei durante meu MBA na Inglaterra ilustra esse ponto de forma marcante. Toda segunda-feira à noite, eu participava de um jogo de trivia, um evento altamente apreciado pelos ingleses, no restaurante da universidade.

Certa vez, observei uma aluna conversando com o apresentador do jogo. Ele pediu pelo microfone a um dos participantes que estava usando um boné de baseball com o símbolo da suástica que o retirasse. O jogo prosseguiu, mas alguns minutos depois fomos surpreendidos por um grito vindo da mesma colega.

Ela se colocou diante do rapaz que ainda usava o boné e, com firmeza e determinação, ordenou alto e bom som: "Ou você retira esse boné com o símbolo nazista, ou o jogo não continua!".

Apesar de sua estatura baixa, ela se agigantava à medida que crescia um silêncio sepulcral enquanto todos aguardávamos a reação do rapaz. Infelizmente, ele não teve a coragem de se arrepender e remover o boné, preferindo uma atitude covarde ao se retirar.

Eu fiquei admirado pela coragem dessa moça e prontamente me aproximei para parabenizá-la por sua atitude. Essa expressão de indignação diante de eventos históricos tão atrozes e inaceitáveis, essa demonstração de coragem, permanecerão eternamente gravadas em minha memória, inspirando tanto a mim quanto a minha família de forma constante.

É essencial aprender com os erros do passado e garantir que nunca mais repitamos tais atrocidades. Devemos reconhecer os custos humanos inescusáveis e execráveis que surgiram dessas ideologias eugênicas, e trabalhar incansavelmente para criar um mundo em que todas as pessoas sejam valorizadas e respeitadas, independentemente de suas características genéticas, aparência ou qualquer outra condição.

No final do século XX e início do século XXI, pesquisas reafirmaram o valor crucial das emoções. O português António Damásio estudou o caso de Elliot, um paciente que perdeu a capacidade de sentir emoções devido a uma lesão cerebral. Apesar de seu QI continuar intacto, Elliot não conseguia tomar decisões simples, como escolher o que comer no café da manhã, mostrando como a razão sem emoção é insuficiente.

Nesse período, também testemunhamos o surgimento da psicologia positiva, um movimento que busca entender e promover o que dá certo no ser humano. Martin Seligman, um dos fundadores da psicologia positiva, popularizou a ideia de que a psicologia não deve se concentrar apenas em tratar o que está errado, mas também em promover o que está certo. Por exemplo, as práticas de gratidão e das três coisas boas, associadas a uma série de benefícios para a saúde mental e o bem-estar, são duas das muitas intervenções positivas estudadas nessa área.

Ao abordarmos a inteligência emocional e a importância das emoções em nossas vidas, devemos estar cientes dos perigos que surgem quando as emoções são mal direcionadas e exploradas. A história nos lembra de que as emoções podem ser manipuladas para incitar o ódio, a discriminação e a violência. Portanto, é crucial promover uma compreensão saudável das emoções, baseada na empatia, na compaixão e no respeito mútuo, para construir um mundo mais justo, compassivo, próspero e inclusivo.

3

A ascensão da inteligência emocional: de várias teorias à necessidade prática imprescindível

A inteligência emocional, conceito que ganhou destaque em meados da década de 1990 graças à obra de Daniel Goleman, tem suas raízes, como mencionado no Capítulo 1, nas reflexões profundas de grandes pensadores sobre a emoção e suas implicações para o ser humano.

Desde o final do século XIX, com os estudos pioneiros de William James, a relevância das emoções em nossas vidas pessoais e profissionais tem sido reconhecida cada vez mais. No entanto, foi ao longo do tempo e através da exploração contínua e aprofundada das emoções que a inteligência emocional se transformou de uma teoria emergente em uma necessidade prática crucial.

Para compreender a magnitude desse movimento, é necessário traçar a evolução e a ascensão da inteligência emocional.

Teoria Clássica das Emoções

A Teoria Clássica das Emoções, por vezes confundida com a Teoria de James-Lange, sustenta que as emoções básicas são universais para todos os seres humanos, independentemente de cultura ou experiência de vida. Essas emoções, segundo a teoria, são respostas biológicas fixas a estímulos específicos. Por exemplo, o medo é uma resposta a uma ameaça percebida, e nosso corpo pode responder com uma aceleração do ritmo cardíaco. A teoria clássica também afirma que cada emoção tem uma expressão facial única associada a ela, permitindo uma identificação clara e universal. Essa teoria foi popularizada por Paul Ekman, que identificou seis emoções básicas: alegria, surpresa, nojo, raiva, medo e tristeza.

Teoria James-Lange das Emoções

Por outro lado, a Teoria James-Lange das Emoções, proposta quase simultaneamente pelo psicólogo americano William James e pelo fisiologista dinamarquês Carl Lange, oferece uma visão um tanto diferente. Segundo James e Lange, as emoções são uma consequência, e não a causa, das reações físicas do nosso corpo aos eventos. Por exemplo, ao nos depararmos com uma ameaça, nossa resposta física inicial (como um aumento da frequência cardíaca) é o que, segundo essa teoria, dá origem à emoção de medo. Em outras palavras, não trememos porque estamos com medo; sentimos medo porque estamos tremendo.

Portanto, embora ambas as teorias concordem que as emoções têm uma base biológica, elas diferem na sequência de eventos que levam à experiência da emoção. A teoria clássica sugere que um estímulo desencadeia uma emoção específica que, por sua vez, provoca uma resposta física. Em contraste, a Teoria James-Lange argumenta que a resposta física vem primeiro e a emoção é nossa interpretação dessa resposta.

A Teoria Clássica das Emoções tende a reduzir as emoções a um conjunto fixo de categorias universais, desconsiderando a complexidade e variabilidade das experiências emocionais influenciadas por fatores individuais, culturais e contextuais. Essa abordagem simplista pode levar a generalizações excessivas e negligenciar a riqueza e diversidade das emoções humanas.

Com base nos recentes achados da neurociência, é importante destacar que a associação de emoções a expressões faciais específicas, como proposto pela Teoria Clássica das Emoções, tem sido questionada. Pesquisas lideradas por Lisa Barrett e outros cientistas sugerem que não há uma correspondência direta e universal entre emoções específicas e expressões faciais.

Esses estudos indicam que as expressões faciais são influenciadas por uma combinação de fatores culturais, individuais e contextuais, e que as emoções não podem ser facilmente categorizadas com base nessas expressões. Em vez disso, as emoções são experiências subjetivas complexas que envolvem uma interação entre processos cognitivos, sociais e fisiológicos.

Essa compreensão mais atualizada ressalta a importância de considerar a natureza multifacetada e dinâmica das emoções, levando em conta as influências pessoais e contextuais. Ela destaca que a experiência emocional é moldada por fatores individuais, culturais, cognitivos e situacionais, e não pode ser simplificada em categorias fixas e universais.

Jaak Panksepp

Jaak Panksepp (1943-2017) foi um neurocientista e psicobiólogo estoniano-norte-americano que fez contribuições significativas para o campo da neurociência afetiva. Ele é mais conhecido por sua Teoria das Emoções Primárias, também conhecida como sistema afetivo.

De acordo com Panksepp, existem sete sistemas emocionais primários que são comuns a todos os mamíferos:

1. **Busca** (*seeking*): essa é a motivação básica para explorar o mundo ao nosso redor, aprender sobre ele e entender melhor o nosso ambiente.

2. **Raiva** (*rage*): esse é o sistema emocional que nos prepara para lutar quando confrontados com ameaças ou injustiças.

3. **Medo** (*fear*): esse é o sistema emocional que nos prepara para fugir ou congelar diante do perigo.

4. **Desejo** (*lust*): esse é o sistema emocional que nos motiva a procurar parceiros sexuais e reproduzir.

5. **Cuidado** (*care*): esse é o sistema emocional que nos motiva a cuidar dos outros, especialmente de nossos filhos.

6. **Pânico/Tristeza** (*panic/grief*): esse é o sistema emocional que nos faz sentir ansiedade e tristeza quando somos separados de pessoas importantes para nós ou quando perdemos algo de valor.

7. **Jogo** (*play*): esse é o sistema emocional que nos motiva a brincar e interagir com as pessoas de forma lúdica.

Panksepp acreditava que compreender esses sistemas emocionais básicos poderia ajudar a esclarecer muitos aspectos do comportamento humano, desde a maneira como aprendemos e tomamos decisões até as raízes dos transtornos mentais. Ele argumentava que as emoções não são simplesmente reações a estímulos externos, mas sim sistemas motivacionais inatos que orientam nosso comportamento e moldam nossa experiência de vida.

Teoria das Emoções de António Damásio e a importância da Teoria Somática

A abordagem de António Damásio sobre a inteligência emocional e a tomada de decisões é profundamente influente e revolucionária. Sua teoria fundamenta-se na ideia de que as emoções são um componente crucial da consciência humana, resultantes de uma interação complexa entre diversas regiões do cérebro.

Damásio distingue entre "emoções", que são respostas físicas inconscientes a estímulos, e "sentimentos", que são a experiência consciente dessas respostas emocionais. Essas respostas e sensações emocionais ajudam a sinalizar o valor ou o significado potencial de várias opções em uma decisão.

As emoções envolvem uma interação intrincada entre o corpo, o cérebro e produtos químicos como neurotransmissores e hormônios. Respostas físicas, como batimentos cardíacos acelerados, sudorese e alterações na respiração, estão diretamente ligadas às emoções, sendo parte integrante do processo emocional em si.

Quando se experimenta uma emoção, como medo, alegria ou tristeza, o cérebro libera neurotransmissores e hormônios que afetam diretamente o estado físico e mental. Por exemplo, a liberação de adrenalina em situações estressantes está associada a respostas físicas, como aumento da frequência cardíaca.

Assim, as respostas físicas e as substâncias químicas produzidas pelo corpo não apenas acompanham as emoções, como também são componentes essenciais na criação, na intensificação e na regulação das emoções. É uma interação bidirecional, em que as emoções podem desencadear reações físicas e, ao mesmo tempo, as reações físicas podem influenciar a intensidade e a experiência emocional.

Em seu modelo, as emoções desempenham um papel fundamental na tomada de decisões e na formação da nossa consciência[4]. A famosa frase de Damásio "Não somos máquinas de pensar que sentem, somos máquinas de sentir que pensam", resume uma das principais ideias de seu trabalho, que é a de que as emoções e os sentimentos são fundamentais para o nosso pensamento e nossa tomada de decisões.

Uma parte central da teoria de Damásio é a Teoria Somática, que destaca a importância das respostas físicas e corporais associadas às emoções e à formação das decisões.

Os marcadores somáticos, ou seja, reações físicas e emocionais

---

4 A consciência aqui se refere ao nosso estado geral de percepção, compreensão e experiência do mundo ao nosso redor, incluindo nossas próprias emoções e sensações. As emoções desempenham um papel central na formação dessa consciência, influenciando nossa percepção e interpretação do mundo e de nós mesmos.

automáticas, desempenham um papel crucial. Quando enfrentamos uma escolha, nosso cérebro acessa memórias emocionais relacionadas a situações semelhantes no passado, acompanhadas pelos marcadores somáticos que experimentamos anteriormente. Ao relembrar essas experiências, nosso cérebro avalia subconscientemente as possíveis consequências de cada opção, influenciando nossa decisão final.

A Teoria Somática enfatiza a inseparabilidade entre mente, corpo e emoção. Damásio argumenta que as emoções têm uma manifestação física e corporal profunda, sendo parte integrante do processo emocional em si.

A relevância da Teoria Somática para a inteligência emocional é notável, destacando que o reconhecimento e a interpretação das sensações corporais são componentes-chave da inteligência emocional. Ao estarmos cientes de nossas próprias reações somáticas e ao compreendermos como elas afetam nossas decisões, podemos desenvolver nossa consciência emocional e aprimorar nossa capacidade de tomar decisões éticas e com base em informações.

Em resumo, a Teoria Somática de António Damásio realça a importância das sensações físicas e corporais nas emoções humanas e na tomada de decisões, enfatizando a interconexão profunda entre mente, corpo e emoção. Essa teoria tem contribuído significativamente para a compreensão da inteligência emocional e das complexidades da experiência humana, lembrando-nos de que as emoções são experiências profundamente enraizadas em nossa natureza como seres humanos, influenciando nossa consciência, nossa moralidade e nossa compreensão do mundo que nos rodeia.

Teoria das Emoções de Peter Salovey

A contribuição seminal de Peter Salovey e John D. Mayer, publicada em 1990, apresentou ao mundo acadêmico o conceito de "inteligência emocional". Anteriormente, esse termo não era amplamente difundido ou utilizado. O trabalho intitulado *Emotional Intelligence* trouxe a ideia de que as emoções, em vez de serem barreiras ao pensamento racional, podem, na verdade, aprimorar o pensamento quando compreendidas e empregadas corretamente.

Salovey e Mayer propuseram que a inteligência emocional se baseia em quatro habilidades fundamentais:

1. **Percepção das emoções:** a capacidade de identificar e reconhecer emoções em si mesmo, nos outros e em diversos estímulos, como objetos, arte, histórias e música.

2. **Uso das emoções:** a habilidade de utilizar as emoções para facilitar processos cognitivos, como o pensamento e a resolução de problemas. Indivíduos emocionalmente inteligentes conseguem utilizar seus sentimentos para promover a atividade cognitiva, concentração, resolução de problemas e criatividade.

3. **Compreensão das emoções:** a capacidade de compreender as emoções, incluindo o reconhecimento de relações entre palavras e emoções, bem como a compreensão de complexidades e contradições emocionais.

4. **Gestão das emoções:** a habilidade de gerenciar as emoções para alcançar objetivos, incluindo a capacidade de regular as próprias emoções e as dos outros.

O trabalho de Salovey e Mayer estabeleceu as bases teóricas da inteligência emocional no campo da psicologia, abrindo caminho para uma série de pesquisas subsequentes nessa área. Esses estudos exploraram a importância da inteligência emocional em diversas áreas da vida, como sucesso acadêmico, desempenho no trabalho, saúde mental e física, e qualidade das relações interpessoais.

Daniel Goleman

Goleman popularizou o conceito em seu livro de 1995, *Inteligência emocional.* Como psicólogo e jornalista científico, ele tem um estilo de escrita que torna conceitos complexos da psicologia acessíveis e relevantes para o público em geral.

Em sua obra, Goleman argumenta que as habilidades tradicionalmente consideradas parte da inteligência – como o QI – não são suficientes para determinar o sucesso na vida. Em vez disso, ele coloca as habilidades emocionais – a capacidade de entender, gerenciar e expressar efetivamente as próprias emoções e interagir de maneira positiva com as emoções dos outros – como sendo igualmente, senão mais importantes.

Goleman divide a inteligência emocional em cinco componentes principais:

1. **Autoconsciência:** a capacidade de reconhecer e entender as próprias emoções e como elas afetam o pensamento e o comportamento.

2. **Autogestão:** a habilidade de gerir, controlar e adaptar as emoções, o humor, as reações e as respostas aos desafios e adversidades.

3. **Consciência social (ou empatia):** a capacidade de entender, sentir e antecipar o que os outros estão sentindo, ou seja, colocar-se no lugar do outro.

4. **Gestão de relacionamentos:** a habilidade de estabelecer e manter relações sociais saudáveis, comunicar claramente, influenciar e inspirar os outros, trabalhar bem em equipe e gerenciar conflitos.

5. **Motivação intrínseca:** a paixão por perseguir metas com energia e persistência, não apenas para ganhos externos, mas também por uma motivação interna e pessoal.

Por adotar uma linguagem jornalística, o livro é repleto de exemplos da vida real e histórias que ilustram os conceitos-chave. Ele aborda uma variedade de contextos em que a inteligência emocional se mostra crucial, desde o ambiente de trabalho até as relações interpessoais e a educação.

Teoria da Construção das Emoções de Lisa Feldman Barrett

A teoria de construção emocional de Lisa Feldman Barrett desafia os paradigmas estabelecidos sobre a essência das emoções, questionando a própria existência de categorias emocionais, como o medo ou a raiva. Enquanto as teorias tradicionais sustentam a ideia de categorias emocionais distintas, Barrett propõe que tais categorias sejam entendidas como construções sociais, moldadas por nossas experiências e pelos conceitos que internalizamos.

Barrett salienta a falácia da dicotomia entre "real na natureza" e "ilusório". Em sua visão, emoções como medo e raiva são reais dentro de grupos que concordam em interpretar determinadas mudanças físicas, faciais e corporais como sinais emocionais. Assim, as emoções ganham uma realidade social, semelhante ao dinheiro, sendo ambas construções sociais.

A linguagem desempenha um papel crucial na formação dos conceitos emocionais, facilitando a comunicação e a partilha de entendimentos sobre as emoções. Para Barrett, o cérebro humano é uma construção cultural, e as emoções são forjadas a partir das experiências e conceitos adquiridos ao longo da vida, desafiando a concepção de que são inatas. A abordagem de Barrett sublinha a complexidade da experiência emocional, evidenciando a influência da cultura e da linguagem na sua formação.

É notável como a teoria de Barrett se alinha com o projeto dos Annales e os estudos dos Stearns, enfatizando a influência decisiva da cultura e do contexto na compreensão do comportamento humano e das experiências individuais e coletivas. Cada uma dessas perspectivas refuta a ideia de universalidade, ressaltando que as emoções e a experiência histórica são construídas e moldadas pelo ambiente social, cultural e linguístico.

Além disso, essas teorias adotam uma perspectiva interdisciplinar, integrando conceitos e métodos de várias disciplinas para uma compreensão mais abrangente das emoções e da história humana. No cerne dessas abordagens está o desafio às noções simplistas, buscando uma compreensão mais rica e contextualizada das complexidades do comportamento emocional e da experiência histórica.

Cada uma dessas teorias oferece uma valiosa contribuição para a compreensão das emoções, apesar de suas divergências. A Teoria Clássica ressalta a universalidade das emoções e a sua expressão e reconhecimento entre diferentes culturas, enquanto a Teoria James-Lange destaca a ligação íntima entre o corpo e as emoções, enfatizando o papel da interpretação das reações físicas na experiência emocional.

Embora a Teoria James-Lange tenha sido gradualmente superada, sua influência na direção da pesquisa durante seu tempo permanece notável.

O papel da inteligência emocional

Nesse contexto, a inteligência emocional emerge como uma habilidade central para enfrentar os desafios contemporâneos. Ela compreende a capacidade de reconhecer, compreender e gerenciar tanto as próprias emoções quanto as dos outros. Inclui aptidões, como autorregulação emocional, empatia, consciência emocional e a habilidade de influenciar positivamente as emoções alheias.

A inteligência emocional capacita o uso desse conhecimento emocional para guiar o pensamento e o comportamento de maneira eficaz. Ela auxilia líderes a estabelecerem melhores conexões com suas equipes, a tomarem decisões mais equilibradas e a lidarem com pressões e estresse de forma saudável. Além disso, facilita uma comunicação eficaz, resolução de conflitos e cultivo de um ambiente de trabalho colaborativo.

Ao fortalecer a inteligência emocional, os líderes podem fomentar uma cultura organizacional que preze pelo autocuidado, apoio emocional e engajamento dos colaboradores. Isso não implica em ser condescendente com a improdutividade ou tolerar comportamentos inadequados. Pelo contrário, trata-se de encontrar um equilíbrio entre a busca por resultados e a atenção ao bem-estar dos colaboradores.

A compreensão e o desenvolvimento da inteligência emocional refletem as demandas do mundo contemporâneo. Mais do que uma teoria fascinante, ela representa um conjunto de competências sólido, prático e comprovado. Ao dominar essa habilidade, as pessoas estão preparadas para navegar em um mundo cada vez mais incerto, ambíguo, volátil e complexo, preservando sua saúde emocional e mental e capacitando-se a prosperar diante desses desafios.

A relação entre engajamento e produtividade

É crucial destacar que cuidar do bem-estar humano dentro das organizações não é contraditório com a busca pela produtividade e lucratividade empresarial. Pelo contrário, há uma correlação positiva entre engajamento e eficiência. Estudos evidenciam que colaboradores engajados não apenas são mais produtivos e criativos, mas também geram maiores lucros e permanecem por períodos mais longos no emprego.

Entendemos o engajamento como o envolvimento total e emocional dos colaboradores com suas atividades laborais. Os colaboradores engajados são aqueles que mantêm uma conexão sólida com o trabalho, demonstram comprometimento e entusiasmo com os objetivos da empresa, e são motivados a contribuir com seu melhor desempenho, em contraste com o fenômeno do *quiet quitting*. Eles investem emocionalmente em suas tarefas e encontram um profundo senso de realização e propósito em suas funções.

A Kronberg – consultoria líder em desenvolvimento humano e organizacional – considera diversos elementos cruciais para promover o engajamento no ambiente de trabalho, tais como autonomia, satisfação, oportunidade de crescimento, treinamento e desenvolvimento, conquistas significativas, propósito, reconhecimento e recompensas, suporte da gestão, alinhamento com a missão e valores organizacionais, evitando assim o sentimento de irrelevância e anonimato entre os colaboradores, além de fomentar relacionamentos saudáveis com colegas e líderes.

Ao mensurar e compreender os níveis de engajamento dos colaboradores, as organizações podem identificar áreas de melhoria e implementar estratégias eficazes para promover o engajamento.

As pesquisas realizadas pela Kronberg ao longo dos últimos 22 anos têm consistentemente evidenciado a poderosa ligação entre o engajamento dos colaboradores e os resultados-chave das empresas. Esses resultados abrangem desde um aumento na produtividade e satisfação do cliente até taxas de rotatividade mais baixas e um desempenho financeiro aprimorado.

Essa relação foi brilhantemente ilustrada no "Business case da Kronberg com a Siemens Healthineers", publicado pela *Harvard Business Review* em dezembro de 2018, solidificando sua importância de maneira inquestionável.

Business case Kronberg com a Siemens Healthineers

Com mais de 120 anos de experiência científica e em engenharia no campo da saúde, a Siemens Healthineers adquiriu maior autonomia operacional ao se desvincular da Siemens em 2015, permitindo-lhe enfrentar os desafios da quarta revolução industrial. Nesse ínterim, o Brasil atravessava sua pior e mais prolongada crise econômica e política. Com a valorização da moeda estrangeira, o mercado de diagnóstico por imagem no país sofreu uma redução de 40%, e a Siemens Healthineers, juntamente com diversas outras indústrias, enfrentou pressões de custos e redução de quadros de colaboradores.

Essa crise desnudou deficiências em diversas organizações, mesmo nas mais bem-sucedidas e respeitadas, como a Siemens Healthineers. Empresas enfrentaram desafios no gerenciamento de problemas de liderança de pessoas, diminuição da confiança, fortalecimento de silos, enfraquecimento do espírito de equipe e resultados aquém do esperado. A Siemens Healthineers não escapou desse cenário, mesmo com um histórico sólido de desempenho no Brasil e no mundo.

Decidida a encarar esses desafios e a aproveitar as oportunidades do ambiente disruptivo e turbulento dos negócios, a equipe de liderança da Siemens Healthineers, sob a batuta de Armando Lopes, adotou uma abordagem inovadora e revolucionária. Para auxiliar nesse processo, a empresa contratou a Kronberg, especializada em elevar o desempenho de líderes e profissionais em um contexto cada vez mais desconhecido, incerto, volátil e ambíguo.

Durante o programa de desenvolvimento, liderado pela Kronberg na Siemens Healthineers, um dos principais resultados obtidos foi um notável aumento no engajamento da equipe. Avaliações realizadas antes do programa revelaram um índice de engajamento abaixo da média, com apenas 37% dos membros da equipe classificados como engajados. No entanto, após a implementação do programa, ocorreu um impressionante aumento de 30 pontos percentuais no engajamento, elevando o índice para 67%!

Fonte: Kronberg

Essa notável melhoria no engajamento teve um impacto direto e positivo nos resultados financeiros da Siemens Healthineers, superando as expectativas da liderança. O relatório ressaltou não apenas o crescimento financeiro derivado da colaboração com a Kronberg, mas também a motivação, o trabalho coletivo, a confiança, a execução ágil, a resiliência e o otimismo da equipe diante da volatilidade macroeconômica e política.

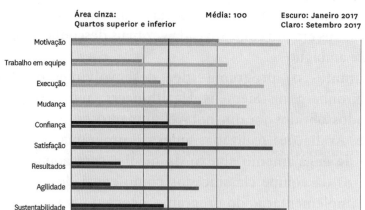

Fonte: Kronberg

O engajamento dos colaboradores é um indicador-chave do desempenho organizacional. Quando os membros da equipe estão engajados, comprometem-se mais com os objetivos da empresa, colaboram de forma dedicada, estão motivados e prontos para contribuir de maneira proativa. Esse alto nível de engajamento resulta em maior produtividade, qualidade do trabalho, inovação e satisfação do cliente, impulsionando, por conseguinte, o aumento das receitas e lucros da empresa.

O incremento de 30 pontos percentuais no engajamento da equipe na Siemens Healthineers, como resultado do programa de desenvolvimento liderado pela Kronberg, é uma conquista notável que gerou um significativo aumento de receita e lucratividade para a empresa.

Apesar de o engajamento dos colaboradores ser um aspecto crucial, conforme demonstram esses resultados e várias outras pesquisas, de forma inequívoca, o desengajamento continua sendo um problema generalizado em todo o mundo.

O índice de desengajamento varia de 70% a 85% na maioria dos países. Apesar dos esforços das empresas, a maioria dos colaboradores em todo o mundo ainda não está engajada ou está ativamente desengajada no trabalho.

Desengajamento no mundo

23% PROSPERANDO NO TRABALHO ENGAJADOS

59% DESISTÊNCIA SILENCIOSA DESENGAJADOS

18% DESISTÊNCIA BARULHENTA ATIVAMENTE DESENGAJADOS

Fonte: Gallup, State of the Global Workforce, 2023

Desengajamento na América Latina, incluindo o Brasil

ENGAJAMENTO NO TRABALHO

Prosperando no Trabalho
Engajados
31% +8

Desistência Silenciosa
Desengajados
59% -3

Desistência Barulhenta
Ativamente Desengajados
11% -5

CLIMA DE TRABALHO

Mercado de Trabalho
Bom para encontrar emprego
52% +11

Intenção de demitir
Observando ou ativamente procurando novo emprego
42%

Fonte: Gallup, State of the Global Workforce, 2023

Engajamento total e engajamento transacional

Entendemos ser de fundamental importância diferenciar o engajamento total do engajamento transacional, dois conceitos distintos relacionados ao envolvimento dos colaboradores com o trabalho.

1. **Engajamento total:** refere-se a um comprometimento e conexão emocional mais profundos dos colaboradores com

o trabalho e a organização. Caracteriza-se pelo entusiasmo, dedicação e energia que os colaboradores investem em suas atividades profissionais. Colaboradores engajados totalmente estão emocionalmente conectados com a missão, visão, valores e propósito da organização, sentindo um senso de propósito pessoal, identificação e realização ao desempenhar suas funções. Além disso, eles têm um forte desejo de contribuir para o sucesso da organização e estão dispostos a se esforçar além do esperado.

O engajamento total vai além de simplesmente cumprir tarefas, envolvendo-se de maneira mais abrangente com o trabalho. Os colaboradores engajados totalmente estão ativamente envolvidos em seu desenvolvimento profissional, buscam oportunidades de aprendizado e crescimento, e estão dispostos a assumir responsabilidades adicionais. Eles têm um senso de pertencimento à organização e trabalham em colaboração com seus colegas para alcançar objetivos comuns.

2. **Engajamento transacional:** por outro lado, é mais focado em uma troca de benefícios entre os colaboradores e a organização, baseado em uma relação transacional na qual os colaboradores se envolvem no trabalho em troca de recompensas tangíveis, como salário, benefícios ou oportunidades de progressão na carreira. Nesse tipo de engajamento, os colaboradores são motivados principalmente por incentivos extrínsecos e procuram atender às suas necessidades financeiras e profissionais básicas.

O engajamento transacional tende a ser mais orientado para as tarefas e menos orientado para a busca de um propósito ou realização pessoal. Os colaboradores engajados de forma transacional podem estar conectados à marca que representam porque isso lhes confere respeito e prestígio na família e na sociedade, mas podem não gostar do clima da empresa. Podem apreciar os benefícios oferecidos pela organização, mas não respeitarem seu chefe ou gostarem de seus colegas ou da atividade profissional. Assim, estão menos dispostos a se envolverem em atividades além do escopo de seu trabalho ou a assumir responsabilidades adicionais, a menos que haja uma recompensa direta associada.

Embora o engajamento transacional possa ser importante para atender às necessidades básicas dos colaboradores e mantê-los parcialmente motivados, o engajamento total é indiscutivelmente considerado mais benéfico para as organizações, especialmente diante dos desafios contemporâneos e das demandas dos *stakeholders* atuais. Colaboradores engajados totalmente tendem a ser mais produtivos, criativos, colaborativos e resilientes, contribuindo para um ambiente de trabalho mais positivo e resultados empresariais superiores, conforme demonstrado no Business case da Kronberg com a Siemens Healthineers.

É importante que as organizações busquem medir e promover um engajamento total, fornecendo um ambiente de trabalho inspirador, reconhecendo e recompensando o desempenho excepcional, incentivando o desenvolvimento profissional e oferecendo oportunidades significativas de envolvimento e contribuição.

Os programas de engajamento no local de trabalho frequentemente falham devido à abordagem transacional, material e financeira adotada. É crucial compreender que o engajamento total dos colaboradores é um desejo emocional e, portanto, não pode ser tratado apenas de forma material.

É surpreendente constatar que, apesar da crucial importância estratégica do engajamento, este ainda não é considerado uma métrica de desempenho para os líderes, mesmo diante dos significativos custos do desengajamento. Esses custos são evidenciados por diversos impactos negativos, como altos índices de rotatividade, baixa produtividade, perda de clientes, piora no Net Promoter Score (NPS) e aumento de acidentes de trabalho.

De acordo com a Gallup, colaboradores desengajados ou ativamente desengajados custam ao mundo 7,8 trilhões de dólares em produtividade perdida. Essa cifra impressionante corresponde a aproximadamente 11% do PIB global, conforme revelado no "Relatório Estado Global do Ambiente de Trabalho: 2022" da Gallup.

Muitas vezes os líderes se perdem em busca de explicações para a falta de engajamento, atribuindo o problema às características das novas gerações, como falta de lealdade e imediatismo, além de outros fatores externos. No entanto, a verdadeira raiz do fracasso nas iniciativas de engajamento reside na falta de preparo das competências emocionais e relacionais das pessoas que ocupam cargos de liderança.

É essencial reconhecer que a responsabilidade pelo engajamento recai sobre os líderes, e não apenas sobre o departamento de Recursos Humanos, como é comumente visto. Enquanto as empresas não buscarem e adotarem o engajamento como uma métrica de desempenho para seus líderes, o problema do desengajamento continuará persistindo e impactando negativamente os resultados de negócios, além de gerar custos humanos significativos.

Está mais do que na hora de direcionar a atenção para o desenvolvimento das habilidades emocionais e relacionais dos líderes, reconhecendo o valor do engajamento como um impulsionador fundamental para o sucesso das organizações.

Quando os líderes investem no desenvolvimento da inteligência emocional, eles estão criando as condições para um maior engajamento dos colaboradores.

Ao promover um ambiente de trabalho que valoriza as emoções e o bem-estar dos colaboradores, os líderes não apenas demonstram empatia, mas também impulsionam resultados de negócios significativos. Essa abordagem cria um senso de confiança e pertencimento, fatores essenciais para estimular o engajamento e a motivação intrínseca dos colaboradores.

Como consequência direta, observa-se um aumento na produtividade, na qualidade do trabalho, na inovação e na satisfação do cliente. Além disso, a retenção de talentos é aprimorada, reduzindo custos relacionados à rotatividade.

Ao colocar o bem-estar emocional no centro da estratégia empresarial, os líderes estão impulsionando resultados de negócios verdadeiramente excepcionais. Em resumo, o engajamento total dos colaboradores não é apenas uma questão de métricas de desempenho ou custos financeiros, mas sim um imperativo para o sucesso e sustentabilidade das organizações no mundo contemporâneo. Ao investir na construção de um ambiente de trabalho que promove o engajamento total, as empresas estão não apenas valorizando o bem-estar de seus colaboradores, mas também fortalecendo sua própria capacidade de inovação, crescimento e sucesso no longo prazo. Assim, ao reconhecer e cultivar o engajamento total como uma prioridade estratégica, os líderes estão dando passos significativos em direção a um futuro mais próspero e sustentável para suas organizações e suas equipes.

Conclusão

O urgente desenvolvimento das competências emocionais emerge como uma resposta aos desafios contemporâneos acelerados pela exponencialidade e pelos impactos da pandemia. Proteger nossa saúde mental, fomentar um ambiente laboral saudável e nutrir o engajamento dos colaboradores são metas estratégicas cruciais.

Ao fortalecer a inteligência emocional, tanto indivíduos quanto líderes estão se capacitando para enfrentar os desafios da sociedade atual com eficácia e equilíbrio. Cultivar um ambiente humanizado no trabalho não implica em tolerar a improdutividade ou legitimar comportamentos inadequados. Pelo contrário, trata-se de encontrar uma sinergia saudável entre a busca por resultados e o cuidado com o bem-estar dos colaboradores.

Nossa habilidade para prosperar em um mundo em constante mutação reside nas competências emocionais. É por meio do aprimoramento da inteligência emocional que os líderes podem engajar suas equipes, fomentar a inovação e alcançar resultados significativos.

A inteligência emocional não é apenas uma tendência passageira, mas uma necessidade vital para enfrentar os desafios da sociedade contemporânea com eficácia e para salvaguardar nossa saúde mental.

4

O papel da inteligência emocional

À medida que avançaram os estudos em neurociência, tornou-se claro que as emoções não são simples reações automáticas, mas estão intrincadamente ligadas à cognição. O cérebro humano é altamente integrado, com áreas responsáveis tanto pelas emoções quanto pela cognição, interagindo constantemente. Esse entendimento revolucionou a abordagem da inteligência emocional, indicando que as habilidades emocionais não são apenas inatas, mas também podem ser aprendidas e desenvolvidas.

As décadas de 1980 e 1990 trouxeram um renovado foco na importância das emoções, desta vez sob a ótica da inteligência emocional. Howard Gardner, renomado psicólogo da educação, introduziu a teoria das "inteligências múltiplas", que incluía não apenas a inteligência lógico-matemática e linguística, mas também formas de inteligência como a interpessoal e a intrapessoal. Estas últimas, centradas na capacidade de entender as próprias emoções e as dos outros, lançaram as bases para o que hoje entendemos como inteligência emocional.

Em meio à busca pela compreensão biológica das emoções, emergiu um novo paradigma que desafiou os conceitos tradicionais e propôs uma abordagem mais integrada. Peter Salovey e John D. Mayer, na década de 1990, cunharam o termo "inteligência emocional", descrevendo-a como a habilidade de perceber, avaliar e expressar emoções de maneira precisa; a habilidade de acessar e gerar sentimentos para facilitar o pensamento; a capacidade de compreender emoções e o conhecimento emocional; e a habilidade de regular as emoções, promovendo crescimento emocional e intelectual.

Esse novo entendimento de inteligência emocional partiu da premissa de que as emoções não são meras reações automáticas, mas podem ser habilmente manejadas e direcionadas para promover o bem-estar individual e coletivo. Com a disseminação desse conceito, começou-se a perceber a importância de ensinar e cultivar habilidades de inteligência emocional, tanto na educação formal quanto em ambientes corporativos.

A aceitação do papel crucial das emoções no dia a dia resultou em uma série de novos estudos e práticas, visando à integração da inteligência emocional em diferentes aspectos da vida. A ascensão desse conceito trouxe uma onda de programas de treinamento, cursos e literatura focados no desenvolvimento da inteligência emocional, evidenciando sua importância não apenas na vida pessoal, mas também no ambiente de trabalho, onde a habilidade de gerenciar emoções tornou-se um diferencial competitivo.

Durante os extensos meses de isolamento social provocados pela pandemia, realizamos uma profunda revisão da metodologia de inteligência emocional adotada pela Kronberg, abrangendo desde o entendimento até a medição e aplicação prática das emoções. Essa revisão representou uma evolução em relação à abordagem tradicional de estudo das emoções. Em vez de nos basearmos apenas em categorias mentais preestabelecidas, ampliamos nossa perspectiva para considerar não apenas a estrutura e função cerebral, mas também os aspectos culturais, contextuais e autobiográficos que moldam as emoções. Esse aprofundamento nos levou à teoria da emoção construída, proposta por Lisa Barrett, que reconhece a interação dinâmica entre biologia, cultura e experiência individual na formação das emoções.

A abordagem começa com uma compreensão profunda da estrutura e função cerebral, permitindo formular perguntas sobre as emoções e sua base biológica. Em seguida, a teoria da emoção construída é apresentada e comparada com a visão clássica de forma mais aprofundada neste capítulo. Uma análise de estudos selecionados sobre a base cerebral da emoção permite formular novas hipóteses sobre a natureza das emoções e seu funcionamento.

A influência da teoria de construção de emoções na abordagem Kronberg de IE

O livro de Lisa Barrett, *How emotions are made: the secret life of the brain*, nos compeliu a revisar inúmeros conceitos e práticas que adotávamos com base na Teoria Clássica de Emoções. Inspirados pelo trabalho da dra. Barrett, promovemos mudanças significativas na abordagem da Kronberg em IE. Apresentamos a seguir um resumo dessa teoria.

Nosso cérebro evoluiu para servir ao corpo, o qual possui uma variedade de recursos que precisam ser equilibrados e mantidos em níveis saudáveis. Barrett usa o termo "orçamento do corpo" para ilustrar o papel do cérebro nesse processo. É essencial manter um orçamento equilibrado e saudável desses recursos para a sobrevivência e prosperidade. Esse processo complexo é conhecido como alostase, ou ajuste contínuo de todos os parâmetros internos do organismo para lidar com estressores externos, indo além da simples manutenção do equilíbrio interno (o que é chamado de homeostase).

A cada mudança no orçamento do corpo, sensações básicas, como conforto ou desconforto, agitação ou calma, são produzidas. Eventos, pessoas e experiências que impactam positivamente o orçamento do corpo nos fazem sentir bem; enquanto aqueles que impactam negativamente nos fazem sentir mal. Não estamos falando aqui de emoções, mas sim de sensações básicas ou afetos.

Não nascemos com a capacidade de gerenciar o orçamento de nosso corpo. Nosso cérebro constrói modelos mentais do mundo com base em nossas experiências passadas, que nos ajudam a autorregular. Nossos modelos mentais são preditivos, não reativos. O cérebro faz previsões e ajustes, em vez de simplesmente reagir a estímulos, como preconiza a Teoria Clássica de Emoções. Essas previsões cerebrais abrangem tanto o que está ocorrendo no mundo externo quanto dentro de nosso corpo. Por exemplo, nosso cérebro nos faz sentir sede antes de ficarmos desidratados, ou sentir medo na beira de um penhasco antes de cairmos.

Resumo:

1. Nossas experiências passadas constroem nosso modelo mental.
2. Nosso modelo mental tem dupla função:
   a) Regular o orçamento do nosso corpo.
   b) Prever o que acontecerá no mundo externo a cada momento.
3. Idealmente (aqui está a contribuição da IE, como veremos na Abordagem Kronberg de IE), se a previsão estiver incorreta, o cérebro atualiza seu modelo.
4. Com base em sua previsão, experimentamos algum tipo de afeto (sensação básica) de conforto, desconforto, agitação ou calma.

E onde entram as emoções?

- Nosso modelo mental de mundo é composto por conceitos e categorias que podem ser combinados de várias maneiras, com muita flexibilidade.

- Os conceitos são formados a partir de nossas metas individuais.

- As emoções são conceitos baseados em metas, construídos a partir de nossas experiências passadas.

Exemplo:

Seu chefe questiona por que você não atingiu sua meta trimestral.

A emoção que você construirá dependerá de:

1. O que seu cérebro construirá sobre o que está ocorrendo em seu mundo externo.

2. O que está acontecendo dentro de seu corpo.

3. Sua meta.

Se sua previsão for de que seu chefe não valoriza seu trabalho, o enorme esforço que fez para atingir sua meta, seu orçamento corporal produzirá o afeto/sensação básica de agitação. Você reagirá defensivamente, provavelmente dizendo: "Você não valoriza meu trabalho! Não se importa comigo! Não reconhece nada do que faço de bom!" – construindo, assim, a emoção de raiva.

Se sua meta era perder a credibilidade com seu chefe e demonstrar falta de controle emocional, parabéns! Você conseguiu!

Se sua previsão for de que seu chefe deve estar sob tremenda pressão (usando a empatia que veremos mais adiante) para gerar resultados em sua área, seu orçamento corporal produzirá o afeto/sensação básica de calma. Em vez de reagir, você responderá: "Entendo sua preocupação e tenho dado meu melhor para gerar os resultados esperados. Neste trimestre, o que aconteceu foi... Estou confiante de que recuperarei os resultados no próximo trimestre!".

Se sua meta era mostrar empatia, serenidade e confiança em seu profissionalismo, parabéns! Você construiu a emoção correta e alcançou sua meta!

Em resumo, a Teoria de Construção de Emoções, de Lisa Barrett, preconiza que as emoções são:

- Uma prescrição para a ação.

- Previsões de como devemos agir para atingir uma meta.

- Baseadas em experiências passadas, que são conceitos que construímos.

- Há uma enorme variação nos tipos de emoções que podemos experimentar, dependendo dos modelos conceituais de mundo que criamos.

Palavras alimentam conceitos, conceitos direcionam suas previsões, previsões regulam seu orçamento corporal (como seu cérebro antecipa e atende às necessidades energéticas de seu corpo), e o orçamento corporal determina como você se sente.

Pessoas que possuem um vocabulário emocional desenvolvido e uma maior granularidade emocional (parte da Autoconsciência ou Autoconhecimento da abordagem Kronberg de IE, como veremos mais adiante) promovem previsões e constroem instâncias de emoções que são mais facilmente adaptadas para se encaixarem em situações específicas, calibrando de maneira mais precisa seu orçamento corporal e, assim, promovendo melhores resultados na vida.

Resumo e conclusão

A abordagem essencialista ou clássica das emoções concebe esses estados como categorias mentais fixas e universais, ao passo que a abordagem de construção argumenta que as emoções são construções mentais flexíveis e dependentes do contexto.

Lisa Barrett ressalta que o essencialismo, embora não seja necessariamente prejudicial, pode ser problemático quando aplicado sem uma compreensão aprofundada. Ela oferece exemplos de pensadores ao longo da história que adotaram abordagens tanto essencialistas quanto construcionistas em relação às emoções, demonstrando que o debate sobre a natureza desses fenômenos é contínuo.

A autora também salienta a importância de reconhecer que as emoções podem variar entre diferentes culturas e contextos, e que a abordagem de construção leva em conta essa variabilidade. Ela argumenta que as emoções não possuem essências independentes do observador, mas são construídas na mente humana, dependendo do contexto, das experiências passadas e das interações sociais.

Além disso, a dra. Barrett observa que a história da ciência tem sido uma progressão contínua rumo à compreensão de que as categorias mentais, incluindo as emoções, são mais flexíveis e contextuais do que se pensava anteriormente.

Abordagem essencialista

1. **Platão e Aristóteles (Grécia Antiga):** na tradição acadêmica ocidental, esses filósofos gregos antigos foram considerados essencialistas em relação às emoções, acreditando que essas eram categorias mentais fixas e universais.

2. **René Descartes** (Iluminismo): Descartes tinha uma teoria das emoções que prenunciava a teoria James-Lange e a de Damásio, sugerindo que cada emoção tinha sua própria essência corporal.

3. **Gall (Frenologia):** famoso por sua teoria da frenologia, que procurava identificar áreas específicas do cérebro relacionadas a diferentes emoções.

4. **Irons** (Teoria da Avaliação): considerado um dos primeiros teóricos modernos das emoções básicas na abordagem essencialista.

5. **Darwin:** embora tenha refutado o essencialismo na biologia com *A origem das espécies*, escreveu um livro altamente essencializado sobre emoções uma década depois.

Abordagem de construção

1. **Heráclito (Grécia Antiga):** citado como um pensador que tinha ideias construcionistas sobre a natureza das emoções

2. **William James (século XIX):** notável por sua abordagem construcionista das emoções, James acreditava que essas não eram categorias fixas, mas sim construções mentais flexíveis.

3. **John Locke e Immanuel Kant (Iluminismo):** também mencionados como filósofos que argumentavam contra a ideia de categorias mentais fixas em relação às emoções.

4. **Duffy, Dunlap, Hunt e Harlow (século XX):** citados como psicólogos que observaram que as emoções não têm essências e, portanto, devem ser construídas à medida que uma pessoa dá sentido às mudanças autonômicas.

5. **Barrett e Russell (século XXI):** mencionados como representantes da nova geração de teorias construcionistas da psicologia, articulando uma agenda científica mais detalhada e matizada para o estudo da emoção.

A abordagem Kronberg de inteligência emocional

A Kronberg adota uma abordagem exclusiva, desenvolvida a partir da síntese de diversas metodologias de IE já existentes e da vasta experiência prática adquirida através do treinamento de mais de 100 mil pessoas, bem como do *coaching* realizado no Brasil desde 2002. Com essa prática, também descobrimos que podemos começar em qualquer ponto do símbolo do infinito.

Símbolo do infinito

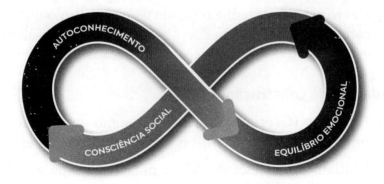

Contudo, o cerne da IE reside no *autoconhecimento* – nossa habilidade de reconhecer nossos modelos mentais e as consequentes previsões emocionais em resposta aos estímulos externos e sensações internas; e como elas influenciam nossos pensamentos, comportamentos e as pessoas ao nosso redor.

A partir daí, temos o *equilíbrio emocional* – nossa capacidade de avaliar de forma crítica o que identificamos no autoconhecimento e reprogramar, com motivação e otimismo, nossos modelos mentais, emoções e hábitos para promover melhores resultados na vida. Em outras palavras, é um conjunto de competências que, quando desenvolvido ou fortalecido, nos permite gerenciar emoções e hábitos de maneira produtiva, evitando reações automáticas.

E temos também a *consciência social* – um processo que nos orienta em nossa jornada pela vida, com autonomia e, ao mesmo tempo, de maneira interdependente no mundo. Como seres altamente sociais, buscamos estima e pertencimento, que exigem a cooperação de outras pessoas para serem alcançados. Nessa área, exploramos duas competências: o *propósito* nos oferece uma direção clara e libera uma enorme energia interior, enquanto a *empatia* nos capacita a nos conectarmos com algo maior do que nós mesmos – o *propósito* – e, ao mesmo tempo, a garantir a colaboração e a contribuição de outras pessoas nessa jornada.

Estes três pilares se desdobram em oito competências emocionais:

O *assessment* da Kronberg mede também os seguintes fatores de sucesso:

I. **Bem-estar:** refere-se à qualidade geral de vida, abrangendo saúde física, mental e emocional, além de conexões sociais e realização pessoal.

    - **Equilíbrio:** consiste em manter uma distribuição saudável de energia, atenção e recursos emocionais entre diversas áreas da vida, promovendo estabilidade e harmonia.

    - **Saúde:** representa o estado de completo bem-estar físico, mental e social, não se limitando apenas à ausência de doenças ou enfermidades.

II. **Desempenho:** é a capacidade de uma pessoa ou sistema de alcançar objetivos específicos com eficácia e eficiência, seja em termos físicos, cognitivos, emocionais ou sociais.

    - **Comunicação eficaz e influência:** trata-se da habilidade de transmitir informações de maneira clara e persuasiva, buscando não apenas comunicar uma mensagem compreensível, mas também influenciar as atitudes, comportamentos ou decisões do receptor de forma positiva e significativa.

    - **Tomada de decisão:** refere-se ao processo de escolha entre diferentes opções para alcançar um resultado desejado.

III. **Relacionamentos interpessoais:** são as conexões e interações entre duas ou mais pessoas, incluindo aspectos como comunicação, vínculos emocionais, confiança, apoio mútuo e interdependência.

    - *Networking*: é o estabelecimento e manutenção de contatos para compartilhar informações e oportunidades.

- **Relacionamentos na vida pessoal:** representam as conexões emocionais e sociais entre indivíduos fora do contexto profissional, englobando amizades, familiares, parceiros românticos e outros laços afetivos.

IV. **Qualidade de vida:** refere-se ao bem-estar geral e satisfação experimentados por uma pessoa em diversos aspectos da vida, incluindo saúde física, mental, emocional, social, financeira e ambiental.

- **Conquista:** é o ato de alcançar sucesso ou completar objetivos específicos, muitas vezes envolvendo esforço, habilidade e persistência.

- **Satisfação de vida:** é o grau de contentamento e realização que uma pessoa experimenta em relação à sua vida como um todo, considerando vários aspectos como saúde, relacionamentos, trabalho e propósito.

O que é autoconhecimento

"Até que você transforme o inconsciente em consciente, este irá conduzir sua vida e você chamará isso de destino." *Carl Jung*

Autoconhecimento é a habilidade de compreender nossos modelos mentais e hábitos, discernindo como influenciam nossas emoções, inclinações e, consequentemente, impactam diretamente nossos pensamentos, reações, comportamentos e desempenho.

Essa capacidade vai além do conhecimento interno, estendendo-se à compreensão de como somos percebidos no mundo externo. Quando alcançamos um nível elevado de autoconhecimento, há uma maior congruência entre nossa autopercepção e a percepção que os outros têm de nós, o que resulta em uma compreensão mais clara de nossa identidade no contexto social.

Além disso, o autoconhecimento envolve o reconhecimento de nossas competências, recursos, habilidades inatas e também as nossas limitações. Essa consciência profunda é fundamental para desenvolvermos a humildade necessária para acolher *feedbacks* construtivos e avaliações externas, o que nos permite identificar áreas que precisam de aprimoramento e desenvolvimento.

O autoconhecimento não é uma jornada com um destino definido; é um processo contínuo que demanda cultivo ao longo de toda a vida. Um autoconhecimento sólido nos motiva a permanecer em constante aprendizado e nos impulsiona a seguir adiante nessa jornada de autodescoberta.

Além de nos fornecer a humildade para valorizar opiniões externas, o autoconhecimento em evolução constante nos equipa com as ferramentas necessárias para tomar decisões. Ele nos capacita a reavaliar e, se necessário, modificar nossos modelos mentais, conceitos, previsões e comportamentos, ajudando-nos a enfrentar as diversas facetas da vida, seja para celebrar conquistas e progressos, seja para superar adversidades e os inevitáveis desafios que surgem.

No pilar do autoconhecimento, desenvolvemos duas competências emocionais – identificar modelos mentais e emoções, e perceber hábitos – que, quando fortalecidas, criam mais oportunidades de escolhas e mudanças em nossas vidas, resultando em melhor desempenho em todas as áreas, como finanças, relacionamentos íntimos, família, interações sociais, trabalho e cuidado com a saúde física e mental.

Identificar modelos mentais e emoções

Nosso entendimento do mundo é construído a partir de uma rede complexa de conceitos e categorias, que têm a capacidade de se combinar de diversas maneiras, proporcionando-nos uma flexibilidade impressionante. Esses conceitos, por sua vez, são moldados pelas nossas metas individuais, muitas vezes inconscientes para nós.

O propósito dessa competência emocional é enriquecer sua alfabetização emocional, ou seja, aumentar sua capacidade de identificar modelos mentais, emoções e hábitos, os quais têm um impacto direto em suas ações e resultados na vida.

A expansão do vocabulário emocional, ou a granularidade

emocional, como mencionado por Lisa Barrett, desempenha um papel crucial. São as palavras que dão forma aos conceitos, os quais, por sua vez, influenciam suas emoções e previsões. Essas previsões, por sua vez, regulam o seu "orçamento do corpo", isto é, a forma como seu cérebro antecipa e satisfaz as necessidades energéticas do seu corpo, determinando, assim, como você se sente. E esses sentimentos exercem uma grande influência sobre o seu comportamento.

Indivíduos que desenvolvem uma rica experiência emocional, fundamentada em um vocabulário emocional bem desenvolvido, tendem a buscar menos atendimento médico, consomem medicamentos com menor frequência e passam menos tempo hospitalizados por doenças. Além disso, demonstram menor reatividade emocional e maior capacidade de regular suas emoções, conforme Lisa Barrett em *How emotions are made: the secret life of the brain*.

As emoções funcionam como indicadores importantes sobre como os eventos externos e o estado do seu corpo estão influenciando suas previsões ou emoções. Elas são propensas a gerar resultados positivos e construtivos na sua vida? Ou será que estão proporcionando resultados negativos? Além disso, essas emoções nos dão pistas sobre como os modelos mentais estão impactando o nosso "orçamento do corpo".

O que é modelo mental?

Um modelo mental representa a visão e interpretação do mundo por parte de uma pessoa. Ele é composto por crenças, valores, expectativas, experiências passadas e processos mentais que influenciam como essa pessoa pensa, sente e age em diversas situações.

Esses modelos são formados através de processos de aprendizagem, tanto conscientes quanto inconscientes, e servem como referências para avaliar e interpretar informações novas e complexas.

Quando o corpo recebe estímulos externos ou *inputs* sensoriais, esses são interpretados pelo modelo mental, que então desencadeia uma resposta emocional correspondente.

Por exemplo, alguém com medo de altura, ao se encontrar em um lugar alto, interpreta esse estímulo como uma ameaça, resultando em uma resposta emocional de medo. Já uma pessoa que adora adrenalina e esportes radicais, diante da mesma situação, pode encará-la como uma oportunidade para vivenciar emoções intensas, gerando uma resposta emocional de excitação e alegria.

Portanto, os modelos mentais exercem uma influência direta sobre as emoções que uma pessoa experimenta em resposta aos estímulos externos e *inputs* sensoriais. Além disso, esses modelos podem ser moldados e alterados ao longo do tempo através de novas experiências, aprendizados e reflexões conscientes, como aquelas proporcionadas pela intervenção do "Mapeamento Diário de Emoções da Kronberg", que será apresentado mais adiante.

Autoconhecimento: o poder de moldar intencionalmente o próprio destino

Compreender e reconhecer as intrincadas conexões entre modelos mentais, emoções, pensamentos e ações não é apenas uma questão de conhecimento, mas também uma responsabilidade intrínseca à nossa busca por uma vida mais plena e realizada. A neurociência nos demonstra, sem sombra de dúvidas, que não somos simples espectadores de nossas vidas, mas sim os ativos editores de nossa narrativa. Ao negligenciarmos o profundo impacto que nossos modelos mentais exercem sobre nossa realidade, corremos o risco de viver em um estado de inconsciência, no piloto automático, no qual as escolhas não são verdadeiramente nossas, mas sim moldadas por padrões não examinados.

O autoconhecimento elevado nos proporciona um crescente leque de oportunidades, ampliando nossas escolhas e capacitando-nos a implementar mudanças significativas em nossas vidas. Portanto, o autoconhecimento não se resume apenas a um ato de introspecção, mas sim a uma ferramenta poderosa de libertação e transformação. A questão não é se devemos ou não prestar atenção a esses precursores de pensamento e ação, mas sim quão profundamente estamos dispostos a mergulhar para verdadeiramente nos conhecermos e, assim, moldarmos intencionalmente nossos destinos.

Perceber hábitos

Hábitos são as rotinas comportamentais e mentais que estabelecemos ao longo do tempo, funcionando como uma série de respostas automáticas que nos permitem navegar pela complexidade da vida cotidiana sem esgotar constantemente nossos recursos mentais. Eles se formam por meio de repetições contínuas de pensamentos, emoções e ações em resposta a estímulos específicos.

Do ponto de vista biológico, os hábitos são rotas neurais reforçadas no cérebro, tornando-se mais fortes e automáticas a cada repetição. Com o tempo, certas ações ou pensamentos tornam-se tão enraizados que ocorrem quase sem conscientização, tornando-se o *default* de nosso comportamento.

Existem vantagens claras na formação de hábitos. Eles reduzem a necessidade de tomarmos decisões constantes, permitindo-nos reservar nossa energia mental para tarefas mais complexas e desafiadoras. No entanto, nem todos os hábitos são benéficos. Alguns podem ser limitantes, impedindo-nos de experimentar novos comportamentos ou formas de pensar que poderiam estar mais alinhados com nossos objetivos e desejos atuais.

A competência da inteligência emocional em perceber hábitos vai além da simples identificação. Envolve a compreensão profunda de nossos padrões habituais e a capacidade de discernir se estão nos servindo bem ou se estão nos impedindo de alcançar o que desejamos.

Ao desenvolver essa competência, não apenas identificamos nossos hábitos, mas também adquirimos a habilidade de remodelá-los proativamente. Essa reconstrução de hábitos não se limita a mudar ações, mas sim a reconfigurar nossas respostas emocionais e mentais.

Em última análise, a maestria na percepção e modificação de hábitos nos concede o poder de direcionar nosso comportamento de maneira mais intencional. Isso nos permite alinhar nossas ações diárias com nossas metas e valores, otimizando nossa jornada rumo a resultados excepcionais e enriquecedores na vida.

Intervenções e exercícios: autoconhecimento

Estude a Roda das Emoções de Plutchik para aumentar sua granularidade emocional.
Acesse (http://pt.wikipedia.org/wiki/Robert_Plutchik)

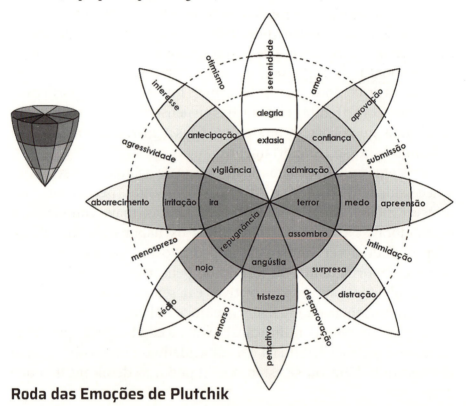

Roda das Emoções de Plutchik

A Roda das Emoções de Plutchik é uma ferramenta gráfica que representa a relação entre diferentes emoções. O psicólogo norte-americano Robert Plutchik (1927-2006) propôs essa ferramenta como uma maneira de ilustrar a complexidade e interconexão das emoções humanas. Veja a seguir uma explanação detalhada.

Estrutura e interpretação

1. **Emoções primárias:** no centro da roda, Plutchik identifica oito emoções primárias opostas entre si. São elas:
    a) Alegria *vs.* Tristeza

b) Confiança *vs.* Nojo, Desgosto
   c) Medo *vs.* Irritação, Ira
   d) Surpresa *vs.* Antecipação

2. **Intensidade:** as emoções são representadas em camadas concêntricas, indicando níveis de intensidade. Quanto mais próximo do centro, mais intensa é a emoção. Por exemplo:
   a) A alegria pode variar de serenidade (menos intensa) a êxtase (mais intensa).
   b) O medo pode ir desde a apreensão até o terror.

3. **Emoções secundárias (ou compostas):** entre as emoções primárias, encontramos combinações que dão origem a emoções secundárias. Por exemplo, a combinação de alegria e confiança resulta em amor.

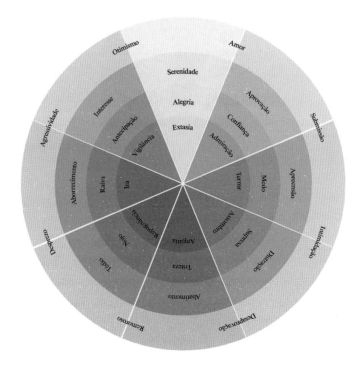

Fonte do desenho: Karine Padilha, *Psicologia e neuropsicologia*, março, 2022.

Díades da Roda das Emoções de Plutchik

I. **Díades primárias:** a primeira díade é composta pela combinação das emoções básicas.

   a) Alegria + Confiança → Amor
   b) Alegria + Antecipação → Otimismo
   c) Confiança + Medo → Submissão
   d) Medo + Surpresa → Intimidação
   e) Surpresa + Tristeza → Decepção
   f) Tristeza + Nojo → Remorso
   g) Nojo + Raiva → Desprezo
   h) Raiva + Antecipação → Agressividade

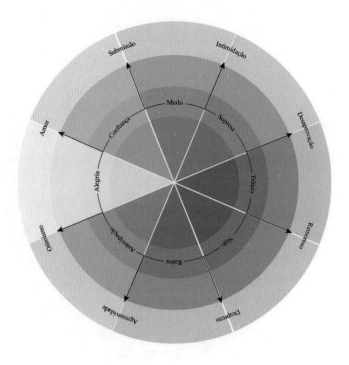

II. Díade secundária: a segunda díade é formada pela combinação das emoções básicas com um grau de separação.

   a) Alegria + Medo → Culpa
   b) Alegria + Raiva → Orgulho
   c) Confiança + Surpresa → Curiosidade
   d) Confiança + Antecipação → Fatalismo
   e) Medo + Tristeza → Desespero
   f) Surpresa + Nojo → Descrença
   g) Tristeza + Raiva → Inveja
   h) Nojo + Antecipação → Cinismo
   i) Raiva + Tristeza → Inveja

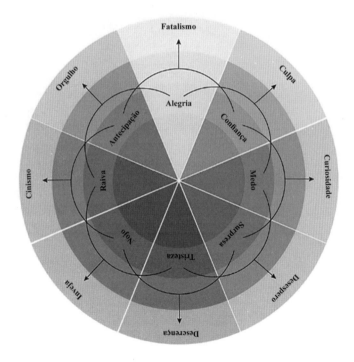

III. Díade terciária: a terceira díade é o resultado da mistura das emoções básicas com dois graus de separação.

a) Alegria + Surpresa → Satisfação
b) Alegria + Nojo → Apatia
c) Confiança + Tristeza → Sentimentalismo
d) Confiança + Raiva → Dominação
e) Medo + Nojo → Vergonha
f) Medo + Antecipação → Ansiedade
g) Surpresa + Raiva → Indignação
h) Tristeza + Antecipação → Pessimismo

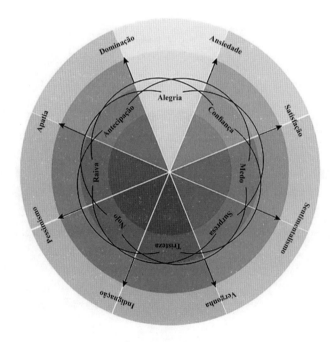

Para que usá-la

1. **Autoconhecimento:** a roda pode ser usada para identificar e nomear emoções específicas que alguém está sentindo, ajudando na introspecção e no entendimento pessoal.

2. **Comunicação:** ao compreender a roda, você pode comunicar seus sentimentos de maneira mais clara e precisa para os outros.

3. **Tomada de decisão:** reconhecer a emoção e sua intensidade pode influenciar uma decisão consciente sobre como agir em resposta a essa emoção.

4. **Regulação emocional:** sabendo identificar a emoção e sua origem, é mais fácil controlá-la ou canalizá-la de maneira produtiva.

Benefícios

1. **Alfabetização emocional:** a roda ajuda as pessoas a expandirem seu vocabulário emocional, permitindo-lhes reconhecer e diferenciar uma gama mais ampla de emoções.

2. **Empatia:** ao entender a complexidade das emoções, torna-se mais fácil se colocar no lugar de outra pessoa, compreendendo seus sentimentos.

3. **Resiliência:** reconhecer e entender emoções intensas pode ajudar alguém a processá-las e a se recuperar mais rapidamente de eventos emocionais negativos.

4. **Desenvolvimento pessoal:** a compreensão profunda das emoções pode levar a um maior crescimento e desenvolvimento pessoal, à medida que as pessoas aprendem a navegar e a usar suas emoções de forma mais eficaz.

Em resumo, a Roda das Emoções de Plutchik oferece uma representação visual das emoções humanas, suas interconexões e intensidades. Usá-la eficazmente pode melhorar a compreensão de si mesmo e das interações com os outros, levando a uma comunicação mais eficaz e a relacionamentos mais saudáveis.

A Roda das Emoções de Plutchik sustenta a ideia de emoções como entidades biologicamente determinadas e universais. Por outro lado, a Teoria de Construção de Emoções, adotada pela Kronberg, propõe uma abordagem diferente: as emoções resultam de construções cerebrais influenciadas por experiências passadas, cultura, contexto social, entre outros fatores.

Apesar dessas diferenças conceituais, entendemos que o modelo de Plutchik continua sendo uma ferramenta didática prática e valiosa. Ele oferece uma maneira visual e intuitiva de categorizar e entender emoções, tornando-se especialmente útil em ambientes educacionais e para aqueles que estão iniciando seus estudos no campo emocional.

O mapeamento diário de emoções da Kronberg

Uma ferramenta poderosa para aprofundar a compreensão emocional e fortalecer o autoconhecimento é o mapeamento diário de emoções. Seguindo uma sequência de descrição e reflexão sugerida, você inicia uma jornada de autoexploração que promove a compreensão de suas emoções e dos modelos mentais que orientam suas reações.

A granularidade emocional, conceito central no trabalho da pesquisadora Lisa Feldman Barrett, é a capacidade de diferenciar e descrever precisamente suas próprias emoções, com implicações significativas para o bem-estar psicológico e a saúde mental.

Manter um diário de emoções, como o apresentado pela Kronberg, auxilia o desenvolvimento da granularidade emocional. Ao registrar e refletir sobre suas emoções diariamente, você passa a entender e reconhecer melhor as nuances entre sentimentos semelhantes, evitando agir no piloto automático.

A sequência começa com a descrição dos eventos do dia e das

emoções despertadas por eles. Em seguida, analisa-se o modelo mental que influenciou essas emoções e a história de vida que contribuiu para tal modelo mental. Essa introspecção permite compreender como você reage aos eventos e emoções.

Vale a pena distinguir entre "resposta" e "reação". Uma reação é instantânea, baseada em emoções inconscientes. Já uma resposta envolve uma pausa consciente, reflexão e consideração das possíveis consequências de diferentes comportamentos.

Ao registrar suas reações ou respostas reflexivas, você percebe o impacto de suas ações sobre si mesmo e os outros. A sequência encoraja a reflexão sobre uma nova perspectiva ou ressignificação positiva do evento, modelo mental e emoções despertadas.

Esse processo contínuo e disciplinado de autocompreensão e autorreflexão, através do mapeamento diário de emoções, aumenta sua granularidade emocional, permitindo-lhe distinguir e nomear uma variedade de emoções. Consequentemente, melhora sua capacidade de responder em vez de reagir à vida, proporcionando-lhe mais controle sobre seus comportamentos e decisões, e levando a melhores resultados para si mesmo e para as pessoas a seu redor.

Modelo de mapeamento diário de emoções

- Descreva os eventos do dia e as emoções despertadas.
- Analise o modelo mental e a história de vida que influenciaram essas emoções.
- Distinga entre "resposta" e "reação".
- Registre suas reações ou respostas reflexivas.
- Reflita sobre uma nova perspectiva ou ressignificação positiva das emoções despertadas.
- Solicite *feedback* de pessoas próximas, em quem confia sobre sua capacidade de identificar suas próprias emoções e hábitos.

Sequência do mapeamento diário de emoções da Kronberg

Como parte do processo de aprimoramento do autoconhecimento[5] para promover resultados mais satisfatórios na vida, é recomendável acompanhar os passos a seguir.

1. **Descrição dos principais eventos do dia:** identifique e descreva os eventos significativos ocorridos ao longo do dia, sejam eles positivos, sejam negativos.

2. **Identificação das emoções despertadas:** explore as emoções que esses eventos despertaram em você. Esta etapa é uma oportunidade para nomear e validar suas emoções.

3. **Análise do modelo mental:** reflita sobre o modelo mental que influenciou a formação dessas emoções diante do evento identificado, bem como a história de vida que contribuiu para esse modelo mental. Caso não seja possível identificar a história de vida relacionada, concentre-se apenas nas emoções despertadas.

4. **Reconhecimento de reações ou respostas:** registre como você reagiu ou respondeu ao evento e às emoções. Uma reação é frequentemente automática, impulsionada por emoções inconscientes, enquanto uma resposta envolve pausa consciente, reflexão e consideração.

5. **Observação do impacto:** considere o impacto de suas reações ou respostas, tanto em você quanto nas pessoas ao seu redor. Essa reflexão é uma oportunidade para compreender as consequências de suas ações.

---

5 O autoconhecimento é o alicerce da inteligência emocional, portanto dedique tempo, esforço e atenção focada a esses exercícios. Persevere, pois o início é desafiador, da mesma forma que foi aprender uma língua estrangeira, matemática ou um novo esporte.

6. **Consideração de novas perspectivas:** por fim, reflita sobre uma nova perspectiva ou ressignificação positiva do evento, do modelo mental e das emoções despertadas, especialmente se o resultado não foi positivo e construtivo. Caso tenha sido, repita a sequência de emoções e respostas que levaram ao resultado positivo em eventos futuros semelhantes.

Ressignificação positiva é uma estratégia cognitiva poderosa que envolve reinterpretar e reenquadrar uma experiência ou situação negativa de maneira a destacar seu lado positivo ou proporcionar aprendizado. Vai além de simplesmente "ver o lado bom das coisas", pois é um processo ativo de reconstrução de significados baseado em uma visão mais esperançosa e otimista da realidade.

Baseado na esperança e na neuroplasticidade, a ressignificação é uma prática eficaz para aprimorar o autoconhecimento e influenciar experiências futuras de forma mais positiva. Ao praticá-la regularmente, por meio do mapeamento diário de emoções da Kronberg, é possível alcançar maior granularidade emocional e, consequentemente, maior capacidade de resposta à vida, gerando resultados mais satisfatórios para si mesmo e para as pessoas a seu redor.

Em resumo, o mapeamento de emoções desafia seu cérebro a combinar conceitos e formar novos conceitos, mudando proativamente seu sistema conceitual para prever e se comportar de maneira diferente em situações semelhantes no futuro. Com a prática contínua, você construirá um novo modelo mental que orientará suas emoções de forma mais propícia aos resultados desejados.

Recomendamos, para finalizar, o vídeo *Você não está à mercê de suas emoções – seu cérebro as cria,* de Lisa Feldman Barrett. Disponível em: https://www.youtube.com/watch?v=0gks6ceq4eQ.

Modelo Kronberg de mapeamento diário de emoções

PASSOS	O QUÊ? – PASSADO AUTOCONSCIÊNCIA			COMO? – PRESENTE, SEJA INTENCIONAL COM SUAS EMOÇÕES AUTORREGULAÇÃO		
DIA	1º O que aconteceu durante o dia?	2º Conceito/ Perspectiva EMOÇÕES despertadas	3º Modelo Mental História de vida que influenciou a formação desse (s) modelo (s) mental (is).	4º Reação guiada pelas emoções despertadas ou Resposta guiada por reflexão e emoções.	5º Resultados/ Consequências para você e pessoas ao seu redor.	6º Novo conceito/ Perspectiva/ Ressignificação Positiva para gerar emoções e ações mais produtivas.
1						
2						
3						
4						

Exemplo prático 1

Domenico, *coach* da Kronberg e diretor de operações de uma empresa americana, compartilhou durante uma de nossas sessões um caso recorrente em seu mapeamento de emoções.

Evento: um colega de diretoria fez um ataque gratuito e indevido a membros de sua equipe.

Emoções despertadas: raiva, ódio e frustração.

Resposta ou reação guiada pelas emoções: Domenico perdeu o controle emocional em uma discussão que se tornou acalorada.

Por que essa reação? Modelos construídos ao longo da vida: durante nossas sessões, exploramos os modelos mentais de Domenico que o levaram a construir essas emoções. Surgiram algumas conclusões:

"Minhas principais forças de caráter são desafiadas em situações assim, especialmente quando percebo falta de honestidade. A honestidade tem um valor muito alto para mim. Sinto que devo defender minha equipe quando é atacada injustamente. Não posso permitir que o erro passe despercebido. Não posso perder uma discussão quando ela se torna uma questão de 'honra'. Acredito que tenho a capacidade intelectual para vencer e mostrar que o outro está errado".

Consequências e impactos de sua reação: Domenico reconhece as consequências negativas de sua reação:

"Exponho-me demais e digo coisas que deveria guardar para mim. Coloco minha opinião de forma agressiva, correndo o risco de desrespeitar os presentes. Respondo com sarcasmo e ironia para igualar o nível da discussão. Isso prolonga e aprofunda o conflito. As pessoas se sentem constrangidas. Sinto o estresse da situação nos dias seguintes (dor de cabeça, insônia). Desanimo com o ambiente e penso em sair para evitar situações semelhantes".

Como ressignificar o evento, o modelo mental, emoções e hábitos? Domenico encontra um novo caminho:

"Não há benefício em ganhar uma discussão dessa forma. Posso me sentir vingado inicialmente, mas não será bem-visto pelos outros. Não mudarei o comportamento dessa pessoa. Não vale a pena o estresse por uma causa sem futuro. Minha saúde é mais importante do que a opinião de alguém. Não permitirei que isso defina meu futuro ou restrinja minhas opções".

Domenico encontrou um caminho construtivo graças à determinação e seriedade no trabalho de *coaching*. O mapeamento de emoções permitiu que ele se conectasse conscientemente com suas emoções, avaliasse as consequências e construísse novas perspectivas. Com prática e repetição, seu cérebro passou a construir emoções mais produtivas, influenciando comportamentos construtivos para todos.

Exemplo prático 2

Evento: durante seu dia, você recebeu uma mensagem por WhatsApp insinuando que estava desatento a um e-mail enviado anteriormente (inspeção de autoridade sanitária).

Emoções despertadas: raiva, irritação, angústia.

Modelo mental que influenciou a construção dessas emoções: meus pais sempre valorizaram a ética do trabalho honesto, competente e cordial. Por isso prezo a autonomia, competência, respeito e cordialidade no ambiente de trabalho. Ao ler a mensagem, senti que minha reputação e habilidades foram questionadas. Minhas expectativas sobre o comportamento cordial entre colegas foram violadas, resultando em raiva, irritação e angústia. (Procure identificar sua história de vida que influenciou a formação desse modelo mental.)

Reação guiada pelas emoções despertadas ou resposta guiada por reflexão e emoções: reagi de forma agressiva, acusando o colega de ser desrespeitoso e de não entender a situação.

Resultado/consequências para você e pessoas ao seu redor: minha reação gerou uma resposta defensiva do colega. Nossa comunicação deteriorou, criando um clima de tensão e conflito no trabalho. Alguns colegas se sentiram desconfortáveis e passaram a me evitar.

Nova perspectiva, ressignificação positiva para gerar emoções e ações mais produtivas: refleti sobre minhas emoções e percebi que elas indicavam que algo importante estava em jogo. Comecei a abordar a situação de forma mais colaborativa e empática, tentando entender a perspectiva do colega. Essa mudança de perspectiva gerou sentimentos de tranquilidade e expectativas positivas sobre a melhoria do relacionamento.

Essa jornada é um exemplo poderoso do impacto transformador do autoconhecimento e autogestão emocional. Através do mapeamento diário de emoções, ela não apenas identificou os modelos mentais que influenciaram suas reações, mas também aprendeu a recalibrar suas respostas emocionais, optando por ações mais reflexivas e produtivas.

Esse processo introspectivo profundo, aliado à sua determinação e perseverança, não só melhorou seus relacionamentos pessoais, mas também colaborou para alcançar novos patamares profissionais, culminando em sua merecida promoção para a matriz nos Estados Unidos.

Sua jornada destaca a interconexão entre inteligência emocional e sucesso pessoal e profissional, servindo de inspiração para todos os comprometidos com o crescimento e realização.

Resumo dos principais benefícios associados ao aumento da granularidade emocional e desenvolvimento do autoconhecimento

1. **Melhor regulação emocional:** maior consciência emocional permite lidar de forma mais eficaz com as emoções, promovendo saúde mental e bem-estar.

2. **Comunicação aprimorada:** maior granularidade emocional facilita a comunicação sobre as emoções, promovendo relacionamentos mais saudáveis.

3. **Menor incidência de transtornos de saúde mental:** pesquisas indicam que uma maior granularidade emocional está associada a menores níveis de ansiedade e depressão.

4. **Bem-estar físico:** granularidade emocional também influencia a saúde física, reduzindo a necessidade de cuidados médicos.

5

Equilíbrio emocional

"A paz não é a ausência de conflito,
é a capacidade de lidar com ele."

Mahatma Gandhi

Equilíbrio emocional ou autorregulação é a competência de reprogramar nossas emoções visando promover otimismo, motivação e prosperidade na vida.

Nessa área, exploraremos quatro competências: pensamento crítico, lidar e ressignificar emoções, otimismo e criatividade, e motivação intrínseca, para fortalecer nossa habilidade de lidar com as emoções e padrões identificados por meio do desenvolvimento das duas competências da área anterior de autoconhecimento: identificar modelos mentais e emoções, e identificar hábitos.

Pessoas com habilidades desenvolvidas de equilíbrio emocional são mais eficazes na comunicação, na resolução de conflitos e alcançam níveis significativamente altos de bem-estar na vida. Equilíbrio emocional não significa que deixamos de experimentar emoções improdutivas; trata-se, na realidade, de desenvolvermos a habilidade para aproveitar a energia, dados e informações das emoções, sem julgamento, e transformá-los em recursos a nosso favor. Evitamos assim ser reativos e passamos a responder à vida atingindo resultados impactantes com maior eficácia e, em última instância, a reprogramar as emoções e hábitos que não produzem os resultados almejados.

Conclusão: o equilíbrio emocional nos capacita a reprogramar emoções e hábitos que não servem aos nossos objetivos mais importantes. Esse recondicionamento não é uma tarefa pequena e fácil; requer prática diligente e comprometimento. No entanto, os frutos desse trabalho árduo são imensos: comunicação aprimorada, habilidades de resolução de conflitos mais eficazes e um senso de bem-estar e realização que permeia todos os aspectos da vida. Conquistar o equilíbrio emocional é, em muitos aspectos, conquistar uma vida mais harmoniosa e próspera, moldando ativamente nossa experiência do mundo de dentro para fora.

Pensamento crítico

A competência de pensamento crítico nos permite refletir sobre a eficácia de nossos conceitos e perspectivas – estão eles nos levando a fazer as previsões que constroem emoções produtivas ou improdutivas para os resultados que esperamos?

Essa competência se refere àquela pausa para avaliar e se certificar de que estamos no caminho correto. Essa escolha, esse comportamento traz os melhores resultados para mim e para os outros? Para onde essa reação me levará? Estou reagindo automaticamente ou respondendo com ponderação e cuidado?

Exemplo: na explicação da teoria de construção de emoções, demos dois exemplos de conceitos que levaram à construção de emoções distintas. Quando o profissional foi indagado pelo seu chefe por que não tinha atingido a meta trimestral, quando a perspectiva foi "não me valoriza, não vê quanto trabalho", construiu medo, que para outros poderia ter sido a raiva. Medo ou raiva levam, geralmente, à reatividade, a comportamentos improdutivos.

Quando o conceito foi de compreensão com a pressão sob a qual seu chefe estava trabalhando, construiu a emoção de empatia, curiosidade e calma. Nesse caso, o comportamento resultante foi produtivo.

A pausa para reflexão nos auxilia a manter impulsos e emoções sob controle quando os *inputs* sensoriais, uma dor, por exemplo; e/ou estímulos externos, como um tom de voz crítico de alguém, são desafiadores.

Trabalhamos sob constante pressão, e o risco do estresse alto e continuado que afeta negativamente o orçamento de nosso corpo irá produzir "retiradas" importantes que afetam a atividade de nosso coração, pulmões, sistema endócrino, sistema imunológico e outros sistemas que compõem o orçamento de nosso corpo. A consequência desse "déficit" no orçamento do corpo é que corremos maior risco de sermos reativos, de cairmos na dissonância, ou seja, de perdermos a conexão emocional conosco mesmos e com as pessoas.

O pensamento crítico nos ajuda a suspender a reatividade, a evitar a desconexão do que realmente nos interessa em vez de reagirmos de maneira irrefletida, impelidos por emoções provenientes de perspectivas improdutivas. Obtemos então o melhor resultado de nossas emoções, sentimentos e ações.

O pensamento crítico é uma bússola essencial no complexo território da interação humana e tomada de decisão. Ele nos encoraja a ir além da superfície dos conceitos e reações imediatas, instigando-nos a explorar com maior profundidade em busca das premissas ocultas e das implicações de longo alcance de nossas crenças, emoções, perspectivas e ações.

Mais do que um mecanismo de defesa contra o erro, é uma janela para a compreensão mais profunda, permitindo-nos navegar na incerteza e na ambiguidade com maior confiança e propósito.

Em um mundo inundado por uma enxurrada de informações, opiniões e perspectivas diversas, cultivar o pensamento crítico não é apenas desejável; é uma necessidade absoluta para garantir que nossas escolhas e respostas sejam fundamentadas, coerentes e alinhadas com nossos objetivos mais nobres. É um importante alicerce que sustenta o crescimento individual e coletivo, uma luz orientadora que nos ajuda a discernir a verdade no meio do caos e a agir com sabedoria diante dos inúmeros desafios que enfrentamos.

A integração de emoção e cognição no cérebro: desafiando a divisão tradicional e propondo práticas para fortalecer o equilíbrio emocional

Antes de mergulharmos nas intervenções e práticas para fortalecer o equilíbrio emocional, vamos aprofundar nossa compreensão da Teoria de Construção de Emoções, especificamente em relação à questão da localização das funções no cérebro em comparação com as redes funcionais. Este capítulo busca examinar minuciosamente as interações entre emoção e cognição dentro do cérebro humano, desafiando a visão tradicional de que elas operam em circuitos isolados. Em vez disso, exploraremos como as descobertas recentes da neurociência, juntamente com a teoria da construção das emoções de Lisa Barrett, revelam um panorama muito mais integrado e dinâmico.

Reavaliação dos circuitos emocionais e cognitivos

Até recentemente, a ideia de que as funções emocionais e cognitivas eram executadas por circuitos cerebrais distintos e especializados era um pilar na compreensão do cérebro. No entanto, evidências recentes sugerem uma realidade mais complexa. Estudos atuais apoiam a ideia de que emoção e cognição são processadas por redes de áreas cerebrais que interagem, em vez de serem confinadas a regiões específicas.

Funções distribuídas e redes funcionais

De acordo com as descobertas recentes da neurociência, o cérebro não aloca funções estritamente em áreas específicas. Por exemplo, embora o córtex pré-frontal seja central para funções executivas e regulação emocional, ele não opera isoladamente. As funções são realizadas por redes interconectadas que englobam múltiplas regiões cerebrais, ilustrando a natureza distribuída e integrada das operações cerebrais.

A perspectiva da construção das emoções

Como mencionado anteriormente, a teoria da construção das emoções propõe um entendimento inovador de como as emoções se formam. Ao contrário da ideia de respostas emocionais automáticas a estímulos específicos, Barrett sugere que as emoções surgem de um processo contínuo de interpretação e reinterpretação de informações sensoriais, fundamentado em previsões cerebrais influenciadas pelo contexto, expectativas e experiências passadas.

Estratégias de autorregulação emocional baseadas na integração com o cérebro

Os achados sobre a integração entre emoção e cognição podem ser aplicados para desenvolver estratégias eficazes de autorregulação emocional. Vamos explorar abordagens que estimulam o envolvimento do córtex pré-frontal, como o uso de cálculos matemáticos para moderar respostas emocionais ou a prática de nomear emoções para facilitar seu gerenciamento. Essas técnicas refletem a compreensão da operação integrada do cérebro e oferecem caminhos promissores para a gestão de emoções e comportamentos.

Intervenções e exercícios

a) Fazer mentalmente uma conta complexa ou nomear a emoção ou hábito no calor da situação.

- Contar até 10 não adianta porque sabemos a sequência de cor e, portanto, não exige reflexão profunda, mas fazer uma conta cujo resultado desconhecemos tem o mesmo efeito de retardar ou eliminar uma reação emocionalmente turbulenta, o chamado "sequestro das amígdalas". Por exemplo, $79 \times 45 = ?$

- Não importa chegar ao resultado, mas a tentativa, naquele momento do calor das emoções, irriga o córtex pré-frontal e "esfria" as funções emocionais do cérebro, nos dando a oportunidade de responder e não de reagir ao nosso interlocutor.

b) Sabemos que tentar nomear a emoção no momento em que alguém nos tira do sério irriga o córtex pré-frontal. Dessa forma, "esfriamos" as funções emocionais e esquentamos a parte executiva do cérebro, possibilitando assim retardar ou eliminar uma reação emocional turbulenta que pode acarretar altos custos para todos os envolvidos.

c) Outra técnica que funciona bem é a de se levantar e se movimentar.

A ruminação, seja de pensamentos ou de emoções, é um ciclo mental que pode ser debilitante e contraproducente, caracterizado por um foco incessante em experiências passadas, preocupações futuras ou em cenários hipotéticos geralmente carregados de negatividade. Esse processo mental não apenas nos rouba a experiência do momento presente, como também alimenta estados emocionais como ansiedade, depressão e estresse crônico.

Os pensamentos são ferramentas cruciais para nossa sobrevivência e progresso, mas quando não conseguimos desativá-los após cumprirem seu propósito, eles começam a se tornar um fardo. As preocupações que não conseguimos desligar geralmente giram em torno de uma antecipação ansiosa e contínua dos eventos futuros ou uma análise incessante de falhas e problemas passados. Essa incapacidade de desligar a ruminação nos desconecta do "agora", limitando nossa capacidade de apreciar, e mesmo de viver o momento presente e de tomar decisões eficazes.

A ruminação se torna ainda mais problemática quando começamos a acreditar que nossos pensamentos turbulentos são representativos da realidade objetiva. Focar repetidamente em eventos negativos do passado, ou na antecipação de resultados futuros adversos, impede que nos engajemos plenamente com a realidade presente e pode distorcer nossa percepção, levando a decisões imprudentes e reforçando emoções negativas.

d) Lisa Barrett, em *How emotions are made: the secret life of the brain*, sugere estratégias para interromper a ruminação, como ouvir músicas favoritas ou fazer caminhadas.

Essas atividades ajudam a interromper os padrões de pensamento negativo, trazendo uma pausa necessária e permitindo que o indivíduo se reconecte com o presente. É crucial reconhecer quando os pensamentos começam a ruminar e ter ferramentas e estratégias para trazer a mente de volta ao presente, para um estado mais equilibrado e menos reativo. Essa habilidade não apenas melhora o bem-estar emocional, mas também aprimora a resiliência, a tomada de decisões e a qualidade de vida geral.

Dentro do espectro da inteligência emocional, a competência do pensamento crítico vai muito além da simples análise lógica; ela se entrelaça com nossa capacidade de compreender, interpretar e gerenciar nossas emoções em tempo real.

É com prazer que compartilho mais um exercício prático, porém transformador, destinado a aprimorar essa competência vital. Inspirado na sabedoria do comediante Craig Ferguson e respaldado pela psicologia contemporânea, este exercício é um convite ao autoquestionamento reflexivo antes de expressarmos nossos pensamentos em palavras.

e) Antes de falar, pausamos e navegamos por um breve, mas significativo processo de introspecção, perguntando a nós mesmos:

1. *Isto precisa ser dito?*

2. *Isto precisa ser dito por mim?*

3. *Isto precisa ser dito por mim agora?*

Durante um treinamento para o C-level de um cliente, uma diretora ofereceu uma perspectiva inovadora, sugerindo a adição de uma quarta questão crucial ao exercício. Sua sugestão não apenas foi acolhida, como também elogiada por adicionar uma camada extra de consciência sobre a entrega de nossas mensagens. Vivendo, ensinando e sempre aprendendo, acolhemos esta quarta pergunta, ampliando o alcance reflexivo do exercício original de Ferguson.

4. *Isto precisa ser dito por mim agora e desse jeito?*

Essas questões, apesar de simples à primeira vista, são na verdade um poderoso catalisador para uma reflexão profunda, forçando-nos a considerar não apenas o valor, a relevância e a urgência, mas também o impacto e a forma de nossas palavras antes que elas sejam pronunciadas.

Ferguson, com seu humor característico, nos lembra que esse *insight* não veio facilmente, mas sim pelos duros aprendizados de três divórcios. Essa anedota pessoal ressalta a realidade humana de que, muitas vezes, aprendemos nossas lições mais valiosas através de experiências e erros dolorosos. Por meio desse exercício, somos encorajados a aprender com as reflexões de outros, adotando uma abordagem mais empática, consciente e, de fato, crítica para com nossas interações do dia a dia.

Ao adotar essa prática, não só enriquecemos nossa habilidade de pensamento crítico, como também fortalecemos nossas relações, melhoramos a tomada de decisão e nos empoderamos para agir de maneira mais alinhada com nossos valores centrais e objetivos de longo prazo.

Na realidade, este exercício é menos sobre a restrição do discurso e mais sobre o enriquecimento da comunicação: uma ferramenta para garantir que, quando falamos, nossas palavras são imbuídas de propósito, sabedoria e uma clara intenção.

Repensando o cérebro emocional e cognitivo

Aqui vai uma reflexão sobre a importância de adotar uma visão mais integrada do cérebro, que reconheça a interação contínua entre emoção e cognição. Esse novo entendimento não apenas enriquece nossa compreensão da mente humana, mas também abre novas possibilidades para intervenções psicológicas e terapêuticas mais eficazes, marcando uma evolução significativa na forma como abordamos a saúde mental e o bem-estar.

Ao considerar o cérebro como um sistema integrado, somos capazes de desenvolver estratégias mais eficazes para gerenciar nossas emoções, pensamentos e comportamentos. Essa abordagem holística nos permite não apenas lidar com os desafios emocionais do dia a dia, mas também cultivar maior resiliência, clareza mental e bem-estar geral.

Além disso, ao incorporar práticas como a reflexão antes da expressão verbal, podemos aprimorar não apenas nossa comunicação, mas também nossos relacionamentos interpessoais e nossa capacidade de tomar decisões ponderadas e alinhadas com nossos valores.

À medida que continuamos a explorar os intrincados mecanismos do cérebro emocional e cognitivo, é essencial permanecermos abertos à mudança e ao crescimento pessoal. Ao adotar uma abordagem mais integrada e consciente para com nossa própria mente, podemos não apenas melhorar nossa qualidade de vida individual, mas também contribuir para um mundo mais empático, compassivo e equilibrado.

Exemplo de caso real: pensamento crítico e ressignificação emocional

Permita-me compartilhar uma experiência pessoal que ilustra como o pensamento crítico e a compreensão dos nossos modelos mentais podem influenciar nossa reação emocional e comportamento subsequente. Durante uma reunião de trabalho nos Estados Unidos, fui abordado por um colega, a quem vou me referir como John, que comentou: "Carlos! Brasil! Como está a Lava Jato?". Imediatamente senti uma onda de emoções defensivas querendo emergir, tentando me impelir a responder com sarcasmo: "E vocês, então? Suas eleições também deixam muito a desejar! Que moral você tem para falar do Brasil?".

Meu modelo mental, profundamente enraizado, frequentemente desencadeia emoções de aborrecimento, irritação e até mesmo quase ira quando um estrangeiro expressa uma visão negativa sobre meu amado Brasil. Esse modelo foi moldado durante minha infância e juventude, uma época marcada pelo fervor patriótico de meus pais e avós, que se emocionavam ao ouvir o Hino Nacional, e pela influência do governo militar, com seus *slogans* nacionalistas como "O Amazonas é nosso", "O petróleo é nosso" e "Brasil, ame-o ou deixe-o".

Apesar de eu mesmo ser um crítico do meu país, esse modelo mental específico me leva a sentir-me particularmente ofendido quando estrangeiros apontam nossos defeitos. Reconhecendo as emoções que John estava inadvertidamente provocando em mim, eu sabia que precisava fazer uma pausa. Deixar-me levar pela irritação só aumentaria a tensão, possivelmente resultando em uma explosão de raiva, em um comportamento que eu lamentaria mais tarde – um clássico "sequestro de amígdalas".

A inteligência emocional nos encoraja a refletir sobre como nossos modelos mentais nos levam a construir determinadas emoções e intensidades de emoções a partir de estímulos externos e *inputs* sensoriais do corpo. Dando-me esse momento para reavaliar a situação, consegui reformular minha perspectiva sobre os comentários de John. Apliquei a empatia para o John e pensei comigo mesmo: "Ele está mal informado, sua pergunta não é uma crítica direta a mim ou ao meu país, é apenas curiosidade mal direcionada". Essa reflexão crítica me proporcionou o espaço necessário para responder com equilíbrio, em vez de reagir impulsivamente.

Assim, respondi: "John, que surpresa saber que você acompanha as notícias do Brasil! É raro os norte-americanos mostrarem interesse por nós. Realmente, cada país tem suas mazelas, não é mesmo?".

Se tivesse cedido à minha reação inicial, teria experimentado uma satisfação efêmera, mas à medida que a tempestade emocional se acalmasse, eu inevitavelmente sentiria arrependimento. Primeiro, por permitir que John ditasse meu comportamento, segundo, por perder minha compostura na frente dos outros colegas, e terceiro, por criar um clima desagradável antes de iniciarmos a reunião anual.

A inteligência emocional nos capacita a escolher como responder à vida, em vez de reagir impulsivamente, permitindo-nos navegar pelas interações sociais com maior sabedoria e resiliência.

Lidar com e ressignificar emoções

A habilidade de lidar com e ressignificar emoções é um pilar central da inteligência emocional. Não se trata de suprimir ou negar nossos sentimentos, mas sim de entender e redirecionar nossas emoções de forma que sejam mais produtivas e alinhadas com nossos objetivos. Aqui está uma sugestão sobre como você pode praticar a reprogramação emocional já explorada na explicação do mapeamento diário de emoções da Kronberg:

1. **Aceitar todas as emoções:** primeiro, é crucial suspender os julgamentos sobre nossas emoções. Emoções, sejam elas confortáveis, sejam desconfortáveis, são mecanismos de sobrevivência que nos serviram ao longo da evolução. Elas são indicadores, não ditadores, portanto devemos vê-las como aliadas, não como inimigas.

2. **Decifrar a mensagem:** emoções carregam energia, dados e informações. Por trás de cada emoção existe uma mensagem subjacente sobre nossas necessidades atuais, valores ou percepções. Pergunte-se: "O que essa emoção está tentando me dizer? Qual necessidade está por trás dessa emoção?".

3. **Escolher uma resposta produtiva:** após reconhecer e entender a emoção, temos o poder de escolher uma resposta mais eficaz. Isso pode envolver a seleção de uma "emoção vencedora", uma que nos empodere em vez de nos limitar. Isso requer a criação de uma nova narrativa ou conceito sobre a emoção original que seja mais produtiva e orientada para a solução.

Essa habilidade é fundamentada no entendimento de que nosso cérebro é plástico, se modifica na sua estrutura e funcionalidade a partir de nossas experiências, e não distingue claramente entre realidade e fantasia. Ele constrói modelos do mundo baseados em nossas experiências passadas, que são preditivos e não reativos, nos ajudando a autorregular nossas respostas emocionais e comportamentos.

Com essa compreensão, a inteligência emocional nos capacita a construir novos modelos mentais do mundo e conceitos de emoção com flexibilidade, independentemente de nossas experiências passadas, conceitos que levarão a emoções menos prejudiciais e mais resilientes.

Exemplos práticos e poderosos dessa competência em ação podem ser encontrados nos lemas das forças especiais da Marinha dos Estados Unidos, como "Dor é a fraqueza deixando o corpo" e "O estresse me fortalece".

Esses exemplos de reprogramação permitem que indivíduos transformem a energia, dados e informações da dor e do estresse em recursos estratégicos, construindo novos conceitos sobre essas sensações que, estudos mostram, contribuem para uma resistência excepcional ao estresse e manutenção das funções cognitivas mesmo sob extrema pressão.

Sem a reprogramação emocional, tendemos a sublimar emoções resultantes ou fingir que não existem, relegando-as ao subconsciente, onde podem influenciar nosso comportamento de maneira inesperada.

Fingimos ser "racionais", mas na realidade estamos escolhendo não lidar com a complexidade das emoções. As consequências são frequentemente resultados desfavoráveis em várias áreas da vida. Reprogramar emoções nos oferece a chance de explorar sentimentos de forma consciente e produtiva, entendendo sua influência e utilizando essa energia para criar mudanças positivas.

Essa competência nos leva a maior flexibilidade e adaptabilidade na vida. Aproveitamos a sabedoria e energia das emoções para construir modelos mentais mais produtivos para os resultados que desejamos, independentemente de nossos hábitos passados. A chave está na habilidade de identificar esses modelos com a competência de autoconhecimento e de reprogramá-los, transformando os que nos desfavorecem e fortalecendo aqueles que nos conduzem à prosperidade.

Exemplo de caso real: superando o medo de falar em público por meio da inteligência emocional

Philip, um cliente da Kronberg, encontrava-se diante de um dilema comum, porém debilitante: o medo de falar em público. Embora sua carreira dependesse fundamentalmente dessa habilidade, sua natureza introvertida e experiências passadas haviam criado uma barreira emocional significativa. Preferindo interações em pequenos grupos, a ideia de discursar para uma audiência ampla ou ser filmado era, para ele, fonte de intensa ansiedade.

Através do processo de mapeamento diário de emoções da Kronberg, Philip conseguiu rastrear a origem de seu medo. Descobriu que suas reações estavam enraizadas em um modelo mental formado na infância – época em que vivia sob o olhar crítico de um pai autoritário e implacável, que demandava perfeição e não tolerava falhas. Para evitar desapontar seu pai, Philip desenvolveu um mecanismo de defesa: o medo se tornou um alerta constante, uma tentativa de evitar erros a todo custo para não sofrer as duras consequências impostas por seu pai.

Contudo, esse padrão veio com um preço alto. As noites anteriores às apresentações eram marcadas por sono insatisfatório, impaciência e irritabilidade, afetando não apenas seu desempenho profissional, mas também seus relacionamentos pessoais.

Ao desenvolver seu autoconhecimento, Philip não apenas identificou a causa de sua ansiedade, mas também reconheceu o impacto destrutivo desse padrão em sua vida. Ele percebeu que a reprogramação emocional era necessária – uma mudança no velho mecanismo que havia desenvolvido para lidar com as expectativas opressivas.

Ele adotou nova perspectiva sobre o medo que antes o paralisava: "O medo é um aviso para minha preparação". Essa simples frase ajudou Philip a reenquadrar o medo e a ansiedade resultantes, não como uma ameaça, mas como um sinal para se preparar adequadamente. Através dessa ressignificação, ele aprendeu a canalizar a energia anteriormente consumida pelo medo para se concentrar e se preparar melhor para suas apresentações. Além disso, Philip adotou técnicas de relaxamento e preparação mental, estratégias que ajudaram a atenuar as respostas físicas e emocionais ao estresse.

Isso não só melhorou seu desempenho nas apresentações, como também beneficiou suas relações interpessoais e seu bem-estar geral. Sem o autoconhecimento e a disposição para enfrentar e reprogramar suas emoções, Philip poderia ter continuado a ser governado por um medo incapacitante, perdendo oportunidades valiosas de crescimento pessoal e profissional.

O processo de reprogramação envolveu substituir sua perspectiva antiquada e autodestrutiva. Em vez de ver cada apresentação como um potencial desastre, ele aprendeu a enquadrar essas oportunidades como momentos de crescimento e aprendizado, independentemente do resultado.

Sem o autoconhecimento aprofundado, Philip continuaria preso em um ciclo de medo, estresse e ansiedade. Através do autoconhecimento e reprogramação emocional, ele não apenas aliviou seu sofrimento físico e psicológico, mas também desbloqueou um novo nível de resiliência e competência, essencial para seu sucesso contínuo.

Em resumo, a IE possibilitou que Philip:

1. Identificasse o modelo mental que o levou a formar o hábito de construir as emoções de medo, ansiedade e angústia antes de qualquer desafio importante, especialmente o de fazer apresentações públicas.

2. Aplicasse o pensamento crítico e considerasse as perspectivas e consequências, para ele e para as pessoas à sua volta.

3. Reprogramasse o hábito criando modelos ou perspectivas sobre o padrão adquirido no passado, de forma que o medo se transformasse em energia para maior preparação e expectativa positiva de contribuição.

Com a repetição desse exercício, Philip consolidará um novo caminho neural em seu cérebro e este se tornará seu novo hábito. Só que, dessa vez, um padrão emocional positivo que lhe traga maior eficácia no trabalho e menor custo emocional e físico para ele e as pessoas à sua volta.

6

Mudança profunda e duradoura é possível em qualquer idade: neurogênese e neuroplasticidade

O cérebro humano, por muito tempo, foi considerado um órgão estático, definido e inalterável após atingir a idade adulta. No entanto, recentes avanços na neurociência têm desafiado e reformulado essa concepção. Hoje, reconhecemos que o cérebro é um órgão incrivelmente dinâmico e adaptável, capaz de mudar e evoluir ao longo de toda a nossa vida.

- **Neurogênese:** o contínuo renascimento neuronal

A neurogênese é o processo pelo qual novos neurônios são formados no cérebro. Durante muitos anos, acreditava-se que os seres humanos não produziam novos neurônios após a infância. No entanto, pesquisas inovadoras mostraram que o cérebro humano pode, de fato, gerar novos neurônios durante toda a vida.

Essa descoberta foi revolucionária e ocorreu principalmente em duas áreas do cérebro: o hipocampo e o bulbo olfatório. O hipocampo, uma região crucial para a aprendizagem e memória, mostrou-se capaz de gerar novas células em resposta a uma variedade de estímulos, incluindo exercícios físicos e experiências enriquecedoras. A outra área, o bulbo olfatório, relacionada ao olfato, também demonstrou essa capacidade regenerativa. Essas descobertas abriram portas para futuras pesquisas e especulações sobre outras áreas do cérebro que podem mostrar neurogênese.

- **Neuroplasticidade:** a maleabilidade sem limites

A neuroplasticidade, também chamada de plasticidade cerebral, é uma das descobertas mais revolucionárias no campo da neurociência. Contrariando a crença anterior de que o cérebro era rígido em sua estrutura após a infância, agora sabemos que ele é altamente maleável, adaptando-se constantemente em resposta a novas experiências e aprendizados.

Um dos estudos mais fascinantes e ilustrativos sobre neuroplasticidade envolve os motoristas de táxi de Londres. O exame para se tornar taxista em Londres, conhecido como "The Knowledge", é um dos mais difíceis do mundo. Ele exigia que os candidatos memorizassem não apenas as 25 mil ruas que se espalham por 600 km² da cidade, mas também a localização de milhares de pontos de interesse. Esse estudo, conduzido por pesquisadores do University College London, descobriu que os taxistas que haviam passado no exame tinham uma região do hipocampo – o hipocampo posterior – significativamente mais densa e volumosa em comparação com adultos que nunca fizeram o exame. Este é um testemunho da capacidade de o cérebro se remodelar em resposta a uma necessidade intensa e prolongada de aprendizado e memória espacial.

A relação que foi observada é que, quanto mais tempo um indivíduo havia sido taxista, maior era o volume de seu hipocampo posterior. Isso sugere que o ato contínuo de trafegar pelas complexas ruas de Londres e memorizar pontos de referência levaram ao aumento dessa região específica do cérebro. A experiência prolongada e intensiva de memorização e navegação está associada ao aumento do volume do hipocampo posterior.

A mente moldável: *insights* do trabalho de Carol Dweck

Carol Dweck, em seu revolucionário livro *Mindset: a nova psicologia do sucesso*, mergulha profundamente na ideia de que não são apenas os nossos talentos inatos que determinam o nosso sucesso, mas a mentalidade com a qual abordamos a vida. Segundo Dweck, existem dois *mindsets* básicos: o *"mindset* fixo" e o *"mindset* de crescimento".

1. *Mindset* **fixo:** aqueles com *mindset* fixo acreditam que suas habilidades e talentos são traços inatos e imutáveis. Eles pensam que, ou você nasce com isso, ou não. Por exemplo, alguém com *mindset* fixo pode acreditar que é naturalmente ruim em matemática e, portanto, não vale a pena tentar melhorar.

2. *Mindset* **de crescimento:** em contraste, aqueles com *mindset* de crescimento acreditam que suas habilidades podem ser desenvolvidas através de esforço, treinamento e perseverança. Eles veem desafios como oportunidades para crescer e aprender. Se eles falham em algo, não o veem como uma deficiência inata, mas como uma chance de aprender e melhorar.

Exemplos do trabalho de Dweck

Em um de seus estudos, Dweck e sua equipe deram a um grupo de estudantes uma série de quebra-cabeças para resolver. Depois de resolverem os quebra-cabeças, alguns estudantes foram elogiados por sua inteligência ("Você deve ser muito inteligente"), enquanto outros foram elogiados por seu esforço ("Você deve ter trabalhado muito duro"). Quando lhes foi dada a escolha de fazer quebra-cabeças mais difíceis ou fáceis depois, a maioria dos elogiados por sua inteligência escolheu os mais fáceis, enquanto os elogiados por seu esforço escolheram os mais desafiadores.

Estratégias para cultivar um mindset de crescimento

1. **Entenda e reconheça seu *mindset*:** estar ciente de seus pensamentos e reações é o primeiro passo. Quando você se deparar com um desafio, observe seus pensamentos. Eles são mais alinhados com um *mindset* fixo ou de crescimento?

2. **Desafie seus pensamentos de *mindset* fixo:** quando você pensar "Eu não sou bom nisso", tente adicionar "ainda" na frase. Por exemplo, "Eu ainda não sou bom nisso".

3. **Veja os erros como oportunidades de aprendizado:** em vez de se sentir derrotado por falhas ou erros, veja-os como chance de aprender e crescer.

4. **Valorize o processo sobre o resultado:** em vez de focar apenas o resultado final, valorize o processo de aprendizado e crescimento que o leva lá.

5. **Elogie o esforço, não a habilidade:** como o estudo de Dweck mostrou, elogiar o esforço pode encorajar um *mindset* de crescimento. Em vez de dizer "Você é tão inteligente", tente "Você trabalhou muito duro para isso".

O trabalho de Carol Dweck destaca a importância de cultivar um *mindset* de crescimento para atingir nosso potencial máximo. Seu extenso trabalho nos mostra que, enquanto as predisposições inatas desempenham um papel, são nossos esforços, experiências e a mentalidade com que abordamos os desafios que realmente moldam nossa trajetória.

Conclusão

O entendimento atual do cérebro humano, enriquecido pelas descobertas de neurogênese e neuroplasticidade, é uma fonte de esperança e inspiração. Não estamos mais limitados pela visão de que nosso cérebro é fixo e inalterável. Em vez disso, somos incentivados a buscar experiências enriquecedoras, a aprender constantemente e a desafiar nossos limites, sabendo que nosso cérebro é um aliado dinâmico nessa jornada.

7

Motivação intrínseca

*"Se você pensa que pode ou pensa
que não pode, você está certo."*

Henry Ford

A motivação intrínseca, um dos pilares fundamentais da metodologia Kronberg de inteligência emocional, denota o impulso interno que instiga as pessoas a se engajarem em atividades por puro prazer pessoal ou satisfação, em vez de buscar uma recompensa externa. Esta é uma força poderosa, estreitamente vinculada à autenticidade, realização pessoal e bem--estar emocional.

A base científica da motivação intrínseca é robusta e tem evoluído significativamente nos últimos anos. O papel crucial desempenhado pela motivação intrínseca na melhoria do desempenho, criatividade, satisfação e persistência tem sido amplamente evidenciado em diversas pesquisas (Ryan & Deci, 2000). Mais notavelmente, está intrinsecamente ligada à Teoria da Autodeterminação, que destaca a importância das três necessidades psicológicas básicas: autonomia, competência e conexão interpessoal.

Autonomia denota o desejo de ser o agente principal de nossa própria vida e agir em consonância com nosso eu integrado. Competência representa a necessidade de controlar resultados e experimentar maestria. Enquanto conexão refere-se ao anseio por interação, proximidade e afeto com outros indivíduos. A satisfação dessas necessidades não só está associada a um maior bem-estar, mas também a uma motivação intrínseca mais elevada (Ryan & Deci, 2000).

É compreensível que as necessidades psicológicas básicas devem transcender as três mencionadas pela Teoria da Autodeterminação, incorporando aspectos como segurança, conexão, autoestima, exploração, amor, propósito e transcendência. Tal abordagem mais holística reconhece que a motivação intrínseca não se baseia apenas em recompensas internas imediatas, mas também em impulsionadores profundos que orientam o comportamento humano rumo ao crescimento e realização pessoal.

1. **Segurança:** esta necessidade básica é crucial para qualquer progresso posterior na hierarquia das necessidades humanas. Proporciona a estabilidade necessária para que os indivíduos explorem outras áreas de suas vidas, como segurança física, emocional e financeira. Quando nos sentimos seguros, estamos mais inclinados a assumir riscos calculados, essenciais para o crescimento pessoal e motivação intrínseca.

2. **Conexão:** como já mencionado, somos seres sociais, e a necessidade de conexão diz respeito ao desejo de estabelecer relações significativas e de pertencer a um grupo. Relações saudáveis, empatia e uma rede de apoio social forte são cruciais para o bem-estar emocional e psicológico, influenciando diretamente nossa motivação para alcançar metas pessoais e coletivas.

3. **Autoestima:** este aspecto está relacionado ao respeito próprio e ao sentimento de valor pessoal. Uma autoestima saudável capacita as pessoas a enfrentar desafios, aprender com falhas e persistir diante de dificuldades, características vitais para manter a motivação intrínseca.

4. **Exploração (conquistas):** a exploração denota o desejo de aprender, experimentar coisas novas e superar obstáculos. Está intimamente ligada à motivação intrínseca, pois pessoas motivadas intrinsecamente buscam novos desafios e conquistas, enxergando o processo de aprendizado e crescimento como recompensas em si mesmo.

5. **Amor:** o amor, aqui, é entendido como uma sensação de união e aceitação incondicional, seja amor-próprio ou amor pelos outros. Ele motiva as pessoas a formarem conexões profundas e a buscarem harmonia e compreensão, o que pode ser profundamente satisfatório e motivador.

6. **Propósito:** ter um propósito é ter uma razão maior para as nossas ações, entender e se conectar com objetivos maiores, que transcendem o eu individual, guiando a vida com sentido e direção. Pessoas com um claro senso de propósito muitas vezes estão mais motivadas, pois veem suas ações como contribuições para algo maior.

7. **Transcendência:** este estágio envolve superar os limites do ego e buscar uma conexão com algo maior que o eu individual. Muitas vezes, envolve experiências espirituais, criativas ou coletivas que renovam a motivação e o sentido da vida.

No contexto da metodologia Kronberg, a motivação intrínseca é vital para o autodesenvolvimento e a realização. Quando somos motivados intrinsecamente, não somos impulsionados por recompensas externas ou pela opinião dos outros. Em vez disso, somos guiados por nossos valores internos, paixões e curiosidades, que nos conduzem à resiliência, criatividade e uma sensação de propósito.

A motivação intrínseca pode ser fortalecida por meio de várias estratégias práticas. Primeiramente, é fundamental identificar e cultivar seus valores e forças de caráter. Ferramentas como o teste de forças de caráter, da Authentic Happiness, explicado a seguir, podem auxiliar na descoberta dessas qualidades essenciais. Alinhar suas atividades diárias com esses valores e forças pode criar um senso de propósito e aumentar sua motivação intrínseca.

Forças de caráter

As forças de caráter desempenham papel crucial na motivação intrínseca, constituindo características essenciais que definem o cerne de nossa identidade, impulsionando e direcionando nosso comportamento. Conforme Linley (2008, p. 9) descreve, são "capacidades preexistentes para formas específicas de comportamento, pensamento ou sentimento que são autênticas e energizantes para o indivíduo, permitindo um funcionamento ótimo, desenvolvimento e desempenho".

Essas forças se distinguem das habilidades e talentos. Enquanto as habilidades são adquiridas por meio da experiência ou treinamento, os talentos são habilidades inatas com uma forte base biológica (Niemiec, 2013). Por outro lado, as forças de caráter emergem naturalmente e, quando ativadas, são acompanhadas por uma sensação de vitalidade, alegria e autenticidade.

Entretanto, muitos atravessam a vida sem uma compreensão clara de suas próprias forças de caráter. Estudos indicam que apenas cerca de um terço das pessoas está consciente de suas principais forças (Linley, 2008). Essa falta de consciência frequentemente deriva de uma percepção limitada de si mesmo e influências culturais que valorizam mais as fraquezas do que as forças (Jones-Smith, 2011).

Niemiec sugere que frequentemente subestimamos nossas próprias forças de caráter, referindo-se a isso como *take them for granted* (Niemiec, 2013, p. 29). Por outro lado, nossa sociedade contemporânea, influenciada por figuras proeminentes, como professores e familiares, tende a concentrar-se nas fraquezas em detrimento das forças.

A ciência da psicologia positiva tem se dedicado cada vez mais à identificação e ao fortalecimento das forças de caráter nos últimos anos. Pesquisas recentes de Seligman *et al.* (2021) demonstram que o reconhecimento e a aplicação deliberada dessas forças no dia a dia estão associados a níveis mais elevados de bem-estar e satisfação na vida. A motivação intrínseca, intimamente ligada à utilização de nossas forças naturais, é amplificada quando estamos alinhados e conscientes delas.

No entanto, negligenciar ou reprimir nossas forças naturais pode ter consequências prejudiciais. Assim como um músculo não utilizado pode atrofiar, nossas forças de caráter podem enfraquecer se não forem reconhecidas e exercitadas (Jones-Smith, 2011). Essa alienação de nossas forças inatas pode resultar em sentimentos de desapego, insatisfação e até declínios na saúde mental.

Em suma, reconhecer e aproveitar nossas forças de caráter é essencial para a motivação intrínseca e o bem-estar. Cultivar essa autoconsciência e incentivar a expressão dessas forças são ferramentas vitais no desenvolvimento psicossocial.

O estado de fluxo e a busca pelo significado

Outra estratégia poderosa para fortalecer a motivação intrínseca é buscar o *flow*, ou fluxo. Csikszentmihalyi descreve o *flow* como um estado em que as pessoas estão tão imersas em uma atividade que nada mais parece importar. Esse estado pode ser alcançado quando há um equilíbrio entre o nível de desafio de uma atividade e as habilidades pessoais. Incorporar atividades que induzam o *flow* pode aumentar significativamente a motivação intrínseca, pois tais atividades são intrinsecamente recompensadoras.

O livro *Flow* (1990), de Mihaly Csikszentmihalyi, conduz o leitor a uma jornada de compreensão sobre como controlar nossa atenção e fortalecer nossa determinação pode nos levar a estados de prazer intensamente vividos, em que nos encontramos totalmente absorvidos em uma atividade. Durante esse estado, frequentemente referido como "estado de fluxo", somos libertos de ansiedade, tédio, ego e percepção do tempo. Estar nesse estado é aproveitar o verdadeiro envolvimento com o presente, aprimorando nosso relacionamento com o trabalho e acrescentando profundidade e significado às nossas vidas.

Chaves para alcançar o estado de fluxo

1. **Crescimento pessoal sobre prazer passageiro:** muitos de nós buscam prazeres efêmeros, como luxo e consumo, para mascarar o vazio existencial que sentimos. No entanto, o verdadeiro contentamento não reside apenas em prazeres momentâneos, mas em experiências que nos desafiam e nos possibilitam crescer. Enquanto o prazer oferece uma sensação de conforto temporário, o gozo, uma forma mais profunda de satisfação, exige mais de nós, instigando-nos a utilizar plenamente nossas habilidades.

2. **Foco e controle na atividade:** a verdadeira satisfação surge quando nos permitimos mergulhar completamente em uma atividade, equilibrando nossas habilidades com os desafios apresentados por ela. Seja um cirurgião em uma sala de operação, um alpinista enfrentando um pico ou um marinheiro identificando correntes marítimas, a imersão total na tarefa proporciona um sentimento de controle e realização.

3. **Enfrentando desafios para desenvolver habilidades:** o crescimento pessoal ocorre quando nos confrontamos com desafios que estão precisamente além de nossa capacidade atual. Como um jogador de tênis iniciante, progredimos melhor quando selecionamos desafios que exigem esforço extra, mas não nos abalam. A chave está em alinhar esse desafio com nossas paixões e objetivos pessoais, garantindo que nossa motivação seja interna e não apenas impulsionada por recompensas externas.

4. **Transformar tragédias em oportunidades de crescimento:** frequentemente, os desafios e adversidades da vida parecem insuperáveis, mas é crucial perceber que cada obstáculo é uma chance de crescimento. Ao enfrentar adversidades, não devemos nos entregar à vitimização. Em vez disso, podemos usar esses momentos como uma mola propulsora para nos tornarmos mais resilientes e determinados. O estado

de fluxo também pode ser alcançado mesmo em meio a tragédias, quando nos concentramos em aprender e crescer com esses eventos.

5. **Desenvolver uma atitude autotélica:** uma pessoa autotélica é aquela que age por amor à ação e não por uma recompensa externa. Pessoas assim encontram prazer e satisfação na própria atividade. Ao cultivarmos uma mentalidade autotélica, podemos entrar no estado de fluxo com mais facilidade, pois estamos verdadeiramente envolvidos e apaixonados pelo que fazemos.

6. **Reconhecer que a felicidade é um processo interno:** não devemos depender de fatores externos ou circunstâncias para nos sentirmos felizes. A verdadeira felicidade é uma qualidade que vem de dentro, resultante do equilíbrio entre desafios e habilidades, permitindo-nos entrar no estado de fluxo. Ao compreender isso, podemos começar a assumir o controle de nossa felicidade, buscando atividades e experiências que nos desafiem e nos satisfaçam.

O gráfico do flow

É um modelo conceitual simples, mas profundamente informativo, criado por Mihaly Csikszentmihalyi para ilustrar a relação entre os níveis de habilidade de uma pessoa e os desafios que ela enfrenta. Aqui está uma descrição detalhada desse gráfico:

Estrutura básica

- O eixo horizontal (x) representa as habilidades de uma pessoa, variando de baixas a altas.

- O eixo vertical (y) representa os desafios que uma pessoa enfrenta, variando de baixos a altos.

Com base na interseção entre habilidades e desafios, podem ser identificadas várias áreas ou estados:

1. **Flow (fluxo):** este é o ponto ideal, em que habilidades e desafios estão em alta e equilibrados entre si. Quando uma pessoa está nesse estado, ela está completamente imersa na atividade, perdendo a noção do tempo e experimentando alto nível de satisfação. É o que muitas vezes é referido como "estar no estado de fluxo".

2. **Controle:** esta é a área onde as habilidades são altas, mas os desafios são moderadamente altos. A pessoa sente que tem controle sobre a situação, mas não está necessariamente em um estado de fluxo total.

3. **Estímulo (arousal):** aqui, os desafios superam as habilidades, mas não de maneira avassaladora. Pode ser uma área de aprendizado e crescimento, onde uma pessoa está desafiando suas capacidades atuais.

4. **Ansiedade e preocupação (anxiety):** esta é a área onde os desafios são muito mais altos do que as habilidades da pessoa. Como resultado, ela pode se sentir ansiosa, estressada ou preocupada.

5. **Relaxamento:** localizado onde habilidades são altas, mas desafios são baixos. A pessoa se sente capaz, mas não está sendo desafiada.

6. **Tédio:** esta é a área onde tanto habilidades quanto desafios são baixos. Pode haver uma sensação de apatia ou desinteresse.

7. **Apatia:** localizado onde tanto habilidades quanto desafios são extremamente baixos. Este é um estado de desinteresse total e falta de motivação.

Movimento dinâmico

Uma das ideias-chave deste modelo é que não estamos estacionados. Movemo-nos constantemente entre esses estados, dependendo das circunstâncias. Por exemplo, à medida que nos tornamos mais habilidosos em uma atividade, o que antes era um desafio e nos colocava em um estado de "estímulo" ou "ansiedade" pode agora nos colocar em um estado de "controle" ou até mesmo "tédio", se não aumentarmos os desafios. Portanto, para permanecer em fluxo, é necessário um equilíbrio contínuo, buscando desafios mais altos à medida que nossas habilidades melhoram.

O modelo *flow* é uma ferramenta útil para entender como otimizar a experiência de aprendizado e trabalho, visando alcançar um estado em que nos sentimos mais envolvidos, motivados e satisfeitos com o que estamos fazendo.

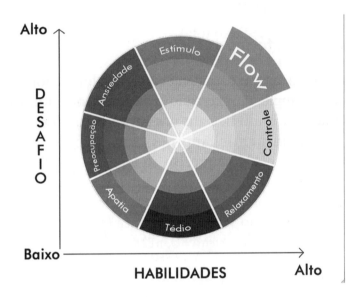

Em meio às distrações e ansiedades da vida moderna, *flow* nos oferece uma lente refrescante para ver o mundo e nosso lugar nele. Csikszentmihalyi, com seu extenso trabalho em Psicologia Positiva, nos desafia a ir além das recompensas superficiais e buscar um sentido mais profundo e satisfatório em nossas vidas. Ao fazer isso, podemos encontrar alegria e propósito nas atividades diárias, transformando a monotonia em momentos de fluxo e transcendência.

Finalmente, é vital criar um ambiente que suporte a autonomia, a competência e o relacionamento. Isso pode ser alcançado definindo metas pessoais que são desafiadoras, mas alcançáveis, buscando *feedback* construtivo e estabelecendo relações sólidas e de apoio.

A motivação intrínseca, conforme enfatizada na Metodologia Kronberg, é essencial para a satisfação pessoal e sucesso profissional. Ao nutrir essa forma de motivação, somos capazes de alcançar maior bem-estar, resiliência e realização em todas as esferas da vida. Lembre-se das palavras de Henry Ford: "Se você pensa que pode, ou pensa que não pode, você está certo". A motivação intrínseca começa acreditando que você pode, e reconhecendo que a verdadeira recompensa vem do prazer e crescimento pessoal que a jornada proporciona.

Assessment de forças de caráter

Faça um exercício para detectar seus valores e forças de caráter (veja um exemplo de exercício de valores nos Anexos, a partir da página 209, e o link para o *assessment* de forças de caráter: https://www.authentichappiness.sas.upenn.edu/user/login?destination=node/434 (é preciso se logar e criar uma senha para ter acesso ao conteúdo). Detectar, nutrir e aplicar nossos valores e forças de caráter fortalece nossa motivação intrínseca e resiliência emocional. Assista ao vídeo *The Science of character* (disponível em: https://www.youtube.com/watch?v=U3nT2KDAGOc).

Caso real de motivação intrínseca

William, CFO de uma empresa média brasileira, enfrentava índices preocupantes de desengajamento em sua área, com 15% de engajamento, 55% de neutros e 30% de desengajamento, conforme medido pela ferramenta de diagnóstico da Kronberg. A produtividade estava em queda, os retrabalhos e as reclamações de clientes internos e externos aumentavam significativamente. Propusemos que ele conduzisse uma "repactuação de contrato" com cada colaborador direto, utilizando a seguinte estrutura para as conversas individuais:

1. **Autonomia:** "William, estou te concedendo total autonomia para executar as seguintes tarefas. Ou seja, sua função é essa na nossa área e assim será avaliado, ok? Estamos alinhados?".

2. **Competência:** "O que você precisa para cumprir as responsabilidades da sua área?" "Um MBA nos EUA." Considerando a situação financeira da empresa, este benefício está fora de cogitação no momento. "Preciso de mais *feedback seu*, William." "Muito bem, com que frequência?" "Está anotado em meu PDI lhe dar *feedback* com maior frequência."

3. **Propósito:** certificar-se de que os colaboradores compreendam o propósito da empresa e que este tenha um apelo idealístico sobre por que devem dedicar seu tempo e energia à sua liderança, departamento e empresa. A comunicação do líder que realmente abraça o propósito como um dos principais impulsionadores de engajamento e crescimento da empresa será eficaz na medida em que for feita de maneira apaixonada, autêntica e persuasiva.

Três meses após essa repactuação, repetimos a pesquisa de engajamento. A área de William teve um aumento de 42 pontos percentuais de engajamento, atingindo 57%. As reclamações diminuíram para níveis dentro das metas, a produtividade aumentou e os retrabalhos quase desapareceram.

A atenção individual, evitando o sentimento de anonimato e irrelevância entre seus colaboradores, juntamente com o alinhamento de expectativas e a disponibilidade autêntica de William para realizar esse trabalho foram elementos que estimularam a motivação intrínseca de sua equipe, resultando em aumento do engajamento e da produtividade.

Otimismo e criatividade

A competência de otimismo e criatividade da Metodologia de Inteligência Emocional da Kronberg se refere ao otimismo equilibrado, também conhecido como otimismo aprendido na psicologia positiva. Trata-se de um conceito essencial para o desenvolvimento da inteligência emocional. Ele nos ensina que podemos moldar nossa atitude e comportamento através da identificação e confrontação de diálogos internos negativos, promovendo conscientemente uma mentalidade otimista. Nesse pilar, exploraremos o otimismo de forma científica e prática, revelando os benefícios para a saúde e como ele amplia nossas percepções cognitivas e emocionais, favorecendo a criatividade e a resolução de problemas.

Otimismo definido

O otimismo, conforme definido por Carver *et al.* (2010), é uma característica individual que reflete o valor que atribuímos às expectativas favoráveis e generalizadas para o nosso futuro. No entanto, como destacou Martin Seligman, o renomado psicólogo, o cerne do otimismo não reside em frases otimistas ou em imagens de vitória, mas sim na maneira como interpretamos as causas dos eventos em nossas vidas. Em outras palavras, o otimismo está intrinsecamente ligado ao nosso estilo explicativo para entender as circunstâncias que enfrentamos.

O estilo explicativo, isto é, como interpretamos e explicamos as situações que nos cercam, é crucial para nossa experiência de otimismo. Existem três componentes essenciais desse estilo explicativo:

1. **Causa interna ou externa:** pessoas otimistas tendem a atribuir eventos positivos a causas internas, como suas habilidades e esforços, enquanto eventos negativos são frequentemente atribuídos a causas externas, como circunstâncias transitórias. Esse viés ajuda a manter uma visão otimista do futuro, pois acreditam ter controle sobre seu sucesso.

2. **Causa estável ou instável:** o otimismo também está relacionado à nossa percepção da estabilidade das causas dos eventos. Indivíduos otimistas tendem a ver as causas negativas como temporárias e instáveis, enquanto as causas positivas são vistas como duradouras e estáveis. Isso contribui para a crença de que os problemas podem ser superados, enquanto as conquistas podem ser mantidas.

3. **Causa global ou específica:** pessoas otimistas tendem a generalizar menos. Elas atribuem eventos negativos a causas específicas, e eventos positivos a causas globais. Isso impede que um contratempo isolado afete sua visão otimista geral.

Como o estilo explanatório impacta a inteligência emocional

O estilo explanatório tem um impacto direto em nossa inteligência emocional. Quando adotamos um estilo explanatório otimista, somos mais capazes de:

- Lidar com adversidades: atribuir causas externas e instáveis a eventos negativos nos ajuda a enfrentar desafios sem sentir que somos inerentemente incompetentes.

- Manter relacionamentos saudáveis: ao evitar generalizações negativas e atribuir causas específicas a conflitos interpessoais, podemos resolver problemas com mais eficácia e evitar conflitos prolongados.

- Promover a autoestima e a autoconfiança: a atribuição de causas internas e estáveis a sucessos pessoais fortalece nossa autoestima e autoconfiança, elementos-chave da inteligência emocional.

Otimismo e *Broaden and Build,* de Barbara Fredrickson

O conceito de "Ampliar e Construir" (*Broaden and Build*), proposto pela renomada psicóloga positiva Barbara Fredrickson, é fundamental para compreender como o otimismo pode impulsionar a criatividade e a inteligência emocional. Essa teoria sugere que as emoções positivas, como o otimismo, ampliam nossas percepções cognitivas e emocionais, capacitando-nos a desenvolver recursos pessoais e habilidades.

Quando nos sentimos otimistas, nossa mente se abre para novas ideias e possibilidades. Essa expansão das percepções cognitivas nos permite enxergar o mundo de forma mais flexível e criativa. Em outras palavras, o otimismo age como um "amplificador de criatividade", permitindo-nos pensar além dos limites convencionais, encontrar soluções inovadoras e abordar desafios de maneira mais eficaz.

Além disso, o otimismo está intrinsecamente ligado à construção de recursos emocionais e sociais. Ao cultivarmos uma mentalidade otimista, tornamo-nos mais propensos a desenvolver relacionamentos saudáveis, autoconfiança e resiliência. Esses recursos emocionais são fundamentais para uma inteligência emocional sólida, que nos ajuda a compreender e gerenciar nossas próprias emoções, assim como compreender as emoções dos outros.

Portanto, o otimismo não apenas amplia nossas percepções cognitivas e emocionais, estimulando a criatividade, mas também nos capacita a desenvolver recursos emocionais e sociais valiosos. Dessa forma, desempenha um papel essencial na ampliação de nossa inteligência emocional e no aprimoramento de nossas habilidades criativas e de resolução de problemas.

Benefícios do otimismo para a saúde

O otimismo não é apenas uma atitude positiva, mas também um impulsionador para a saúde. Inúmeros estudos científicos têm demonstrado que pessoas otimistas desfrutam de uma série de benefícios para a saúde, tais como:

1. **Coração mais forte e saudável:** pesquisas mostram que o otimismo está associado a uma redução no risco de doenças cardiovasculares. Pessoas otimistas tendem a apresentar menor pressão arterial e menor probabilidade de desenvolver doenças cardíacas.

2. **Níveis mais baixos de colesterol ruim:** indivíduos otimistas frequentemente exibem níveis mais saudáveis de lipídios no sangue, incluindo o colesterol LDL (o colesterol "ruim"). Isso contribui para a proteção das artérias.

3. **Maior habilidade para lidar com os estressores da vida:** o otimismo fortalece nossa capacidade de enfrentar o estresse. Pessoas otimistas tendem a adotar estratégias de

enfrentamento mais eficazes, o que reduz os efeitos negativos do estresse na saúde mental e física.

4. **Melhor funcionamento do sistema imunológico:** o otimismo está associado a um sistema imunológico mais robusto. Indivíduos otimistas têm uma maior produção de células imunológicas, tornando-os mais resistentes a infecções e doenças.

5. **Riscos reduzidos de enfartes:** estudos têm sugerido que o otimismo está ligado a uma menor incidência de enfartes. Isso pode ser devido aos efeitos protetores do otimismo sobre o sistema cardiovascular.

Em resumo, o otimismo é um pilar da inteligência emocional que não apenas melhora nossa saúde, mas também expande nossas capacidades cognitivas e emocionais. Ao aprender a nutrir uma mentalidade otimista, podemos enfrentar desafios com mais resiliência, criatividade e eficácia, tornando-nos pessoas mais completas e bem-sucedidas em nossa jornada emocional e intelectual. Portanto, a prática consciente do otimismo é uma ação concreta que podemos tomar para aprimorar nossa inteligência emocional e a qualidade de nossas vidas.

Intervenções e exercícios para promover o otimismo

Exploraremos uma variedade de intervenções e exercícios eficazes para promover o otimismo. Essas técnicas são fundamentadas em princípios da psicologia positiva e ajudam a cultivar uma mentalidade mais otimista em relação às situações da vida.

Estilos de atribuição

Os estilos de atribuição desempenham um papel fundamental na forma como percebemos e reagimos às situações da vida. A seguir, algumas sugestões práticas para promover um estilo de atribuição otimista:

1. **Atribuição externa para fracassos:** quando enfrentamos um fracasso, é útil atribuir a causa a fatores externos, localizados e transitórios. Em vez de dizer *"Sou um incompetente"*, podemos dizer *"Não estava no meu melhor dia porque não dormi bem"*. Essa mudança de perspectiva nos ajuda a ver os fracassos como temporários e controláveis.

2. **Atribuição interna para conquistas:** quando alcançamos o sucesso, é benéfico atribuir a causa a fatores internos, gerais e estáveis. Em vez de minimizar uma conquista dizendo *"Foi um golpe de sorte"*, podemos reconhecer nosso papel ativo no sucesso e dizer *"Fiz uma ótima apresentação porque sou um especialista no assunto"*. Isso fortalece nosso senso de autoeficácia.

	Estilo Explanatório Otimista	Estilo Explanatório Pessimista
Evento positivo na vida	Permanente Generalizado Pessoal/Interno	Temporário Local Generalizado/Externo
Evento negativo na vida	Temporário Local/Circunscrito Generalizado/Externo	Permanente Generalizado Pessoal

Os 3 Pês

Martin Seligman propôs o conceito dos "3 Pês" para desafiar distorções cognitivas que podem minar o otimismo. Aqui estão as técnicas associadas a cada "P":

1. **Personalização:** quando algo negativo acontece, evite a personalização excessiva. Em vez de culpar a si mesmo,

exteriorize o resultado negativo. Reconheça que nem tudo está sob seu controle e que circunstâncias externas também desempenham um papel.

Exemplo: imagine que uma pessoa recebeu uma crítica negativa de seu chefe em uma reunião de trabalho. Se ela personalizar a situação, sua resposta pode ser: *"Eu sou inútil, eu sempre estrago tudo".* Isso significa que ela está atribuindo a culpa inteiramente a si mesmo.

Uma abordagem mais otimista e equilibrada seria: *"Recebi uma crítica construtiva de meu chefe na reunião, mas isso não significa que sou inútil. Vou considerar o feedback e trabalhar para melhorar".*

2. **Pervasividade (generalização):** evite generalizar adversidades ou eventos negativos. Não deixe que um fracasso em um aspecto de sua vida afete outros domínios. Mantenha as situações separadas e trate cada uma delas individualmente.

   Exemplo: imagine que uma pessoa foi demitida do trabalho. Em vez de lidar com esse fato como uma situação isolada, ela permite que esse evento do domínio do trabalho tenha um efeito abrangente em outros aspectos de sua vida. A pessoa começa a perder a paciência com seu(sua) parceiro(a), fica irritada com seus filhos, desiste de suas atividades na academia e evita o contato com seus amigos quando eles a procuram.

   Nesse exemplo, a pessoa está generalizando as consequências da demissão em seu emprego para várias áreas de sua vida, deixando que o impacto se estenda para além do ambiente de trabalho. Isso demonstra como a pervasividade pode minar o otimismo ao criar uma visão ampla e negativa das implicações de um evento negativo. Em vez disso, seria mais otimista e saudável abordar a demissão como um desafio específico a ser enfrentado no trabalho, enquanto mantém um equilíbrio e uma perspectiva mais positiva em outras áreas da vida. Até mesmo porque esses outros domínios de sua vida é que poderão ajudar essa pessoa a se reposicionar profissionalmente.

3. **Permanência:** evite ver situações negativas como permanentes e imutáveis. Reconheça que as circunstâncias podem mudar e que você tem o poder de aprender e crescer com os desafios. Evite declarações rígidas como "Nunca serei bom nisso".

Exemplo: consideremos um cenário em que a pessoa não foi selecionada para um emprego que realmente queria. Se ela encarar a situação com uma visão de permanência, pode pensar: "Nunca conseguirei um emprego bom. Minha carreira está arruinada".

Uma abordagem mais otimista seria: "Embora eu não tenha conseguido esse emprego em particular, isso não significa que minha carreira esteja arruinada para sempre. Vou continuar procurando oportunidades e me esforçando para melhorar minhas habilidades".

Exercício do ABCDE

Outro exercício eficaz para promover o otimismo é o ABCDE:

- **Adversidade:** descreva detalhadamente a situação ou evento que desencadeou pensamentos negativos ou pessimistas.

- *Beliefs* – **Crenças:** como interpreta a adversidade? Que crenças possui sobre a atual situação descrita acima? Suspenda julgamentos, coloque no papel suas crenças sem se preocupar se são boas, ruins, positivas, negativas. Descreva seus pensamentos, não suas emoções aqui.

- **Consequências:** analise como você agiu ou está agindo em relação à adversidade e como se sentiu ou se sente.

- *Disputation* – **Contra-argumentação:** argumente com você mesmo contra suas crenças negativas. Busque evidências que as contrariem e explore seus atributos, pontos fortes e recursos disponíveis. Faça o papel de seu próprio advogado de defesa, busque seus atributos, pontos fortes, conquistas, marcos importantes na vida, recursos disponíveis, qualidades, competências, dons que possui como argumentos a seu favor.

- **Energização:** observe como se sente após a contra-argumentação. Deve sentir-se mais energizado e positivo.

Exemplo real do exercício ABCDE

1. *Adversity* – Adversidade. Desentendimento com um colega de trabalho sobre um projeto, resultando em um ambiente de trabalho tenso.

2. *Beliefs* – Crenças. Valorizo o trabalho em equipe e a coesão. Sinto que minha capacidade de liderança é questionada quando ocorrem conflitos. Acredito que todos devem ter voz ativa em um projeto. Sinto-me ofendido quando não me ouvem ou ignoram minhas sugestões. Acredito que o bem-estar da equipe está acima de egos individuais.

3. *Consequences* – Consequências. Evito a interação direta com o colega, o que pode prejudicar a comunicação. Começo a duvidar de minhas habilidades e decisões. Sinto-me desconfortável e ansioso todos os dias ao ir trabalhar. Desgaste emocional impacta minha produtividade e criatividade. A tensão é notada por outros membros da equipe, o que pode afetar o ambiente de trabalho.

4. *Disputation* – Contra-argumentação.

   - **Trabalho em equipe e liderança:** sempre valorizei o trabalho em equipe e o papel crucial que cada membro desempenha. Minha habilidade de liderança não é definida por um único desentendimento, mas pelas inúmeras vezes que conduzi a equipe através de desafios, mantendo o foco e a coesão.

- **Comunicação e respeito:** minha crença na comunicação aberta é uma das minhas maiores forças. Em vez de me retrair, devo usar essa competência para abrir um diálogo construtivo. Minha tendência a valorizar as opiniões dos outros é uma prova do respeito que tenho por cada membro da equipe.

- **Crescimento e aprendizado:** os desentendimentos são oportunidades de aprendizado. Eles me desafiam a refinar minhas habilidades de negociação e compreensão. Valorizar o crescimento contínuo é uma das razões pelas quais persisto e me esforço para ser melhor a cada dia.

- **Integridade e autoestima:** meu senso de integridade não é abalado por conflitos. Acredito firmemente em ser verdadeiro comigo mesmo e com os outros, e essa força de caráter tem me guiado em todas as minhas interações. Mesmo em face do desacordo, minha autoestima se mantém intacta, pois sei o valor que trago para a equipe e para o projeto.

- **Visão global e foco:** em vez de me concentrar no desentendimento, devo me lembrar de ver a situação como um todo. Minha habilidade de manter uma visão global tem sido essencial em projetos anteriores e deve ser aproveitada agora para garantir que o objetivo principal não seja perdido.

- **Resiliência e adaptação:** a resiliência é uma de minhas maiores forças. Eu supero desafios, me adapto e cresço a partir deles. Esse desentendimento é apenas mais um obstáculo que certamente vou superar, assim como fiz inúmeras vezes no passado.

- **Valorização do bem-estar coletivo:** o bem-estar da equipe sempre foi uma de minhas prioridades. Embora conflitos possam surgir, meu compromisso em garantir um ambiente de trabalho saudável e produtivo sempre prevalecerá.

5. **Energização.** a profundidade das contra-argumentações teve um efeito tremendamente energizante para essa pessoa, e aqui estão os detalhes reportados por ela:

6. **Reafirmação das competências e valores:** ao listar e refletir sobre minhas forças de caráter e competências, pude me distanciar do conflito em si e focar em minha própria identidade e valores. Em vez de me sentir desvalorizada ou diminuída pelo desentendimento, me reafirmei e me reconheci como alguém que tem muito a oferecer.

7. **Perspectiva construtiva:** essas contra-argumentações me ajudaram a mudar a perspectiva de uma visão reativa para uma proativa. Em vez de me concentrar no conflito, comecei a ver o desentendimento como uma oportunidade de aprendizado e crescimento, algo que me energizou e motivou a continuar.

8. **Reconexão com o propósito:** ao me lembrar de minha visão global, foco e compromisso com o bem-estar da equipe, me reconectei com o propósito maior que me guia em minha carreira e na vida. Essa reconexão me proporcionou uma sensação renovada de direção e paixão por meu trabalho.

9. **Autoempoderamento:** o ato de me defender internamente e argumentar contra pensamentos autodestrutivos foi um exercício poderoso de empoderamento. Ao fazer isso, eu não apenas neguei os sentimentos negativos associados ao conflito, mas também me reempoderei, reforçando minha autoestima e confiança.

10. **Impacto positivo na vida e carreira:**
    - **Desenvolvimento profissional:** posteriormente, essa abordagem proativa e introspectiva tornou-se uma ferramenta valiosa em reuniões e negociações, me ajudando a abordar conflitos com uma mentalidade mais aberta e solucionadora.

- **Relações interpessoais melhoradas:** a capacidade de me autoanalisar e ressignificar situações também teve um efeito positivo em minhas relações interpessoais no trabalho. Colegas começaram a perceber maior maturidade emocional e capacidade de lidar com situações adversas, o que ajudou a elevar meu status como uma líder confiável e compassiva.

- **Reconhecimento e progresso:** com o tempo, minha habilidade de transformar adversidades em aprendizados foi reconhecida, levando a oportunidades de liderança e crescimento dentro da organização. Em vez de ser vista como alguém que simplesmente reagia aos desafios, passei a ser percebida como alguém que os transformava em trampolins para a melhoria contínua.

Práticas da felicidade e otimismo: carta de autocompaixão

Contexto

Este exercício consiste em você escrever uma carta para si mesmo, expressando compaixão em relação a um aspecto seu do qual você não gosta. Pesquisas sugerem que pessoas que respondem com compaixão para com suas próprias falhas e reveses – em vez de se punirem por eles – experimentam melhor saúde física e mental.

Tempo necessário

15 minutos

Instruções

- Primeiro, identifique algo em si mesmo que o faz sentir-se envergonhado, inseguro ou não ser bom o suficiente. Pode ser algo relacionado à sua personalidade, comportamento, habilidades, relacionamentos ou qualquer outra parte de sua vida.

- Descreva como isso o faz se sentir. Triste? Irritado? Seja honesto o máximo possível, lembrando-se de que apenas você verá o que escreveu.

O próximo passo é escrever uma carta para si mesmo expressando compaixão, compreensão e aceitação para aquilo de que você não gosta.

Ao escrever, siga estas orientações:

1. Imagine que existe alguém que o ama e o aceita incondicionalmente como você é. O que essa pessoa lhe diria sobre isso?

2. Lembre-se de que todos têm algo em si mesmos de que não gostam, e que ninguém é perfeito. Pense em quantas pessoas no mundo estão sofrendo com a mesma coisa que você está sofrendo.

3. Considere as maneiras como os eventos aconteceram em sua vida, o ambiente familiar em que você cresceu e até os genes que podem ter contribuído para esse seu aspecto negativo.

4. De uma maneira compassiva, pergunte a si mesmo se há coisas que você pode fazer para desenvolver-se ou lidar melhor com esse aspecto negativo. Foque em como mudanças construtivas podem fazê-lo se sentir mais feliz, saudável ou mais realizado, e evite julgar a si mesmo.

5. Depois de escrever sua carta, deixe-a de lado por um tempo. Em seguida, volte e a releia. Sempre que você estiver se sentindo mal sobre esse aspecto de si mesmo, reler a carta poderá ajudar, como um lembrete para ser mais autocompassivo.

Evidências científicas de que funciona

Participantes em um estudo on-line que escreveram parágrafos compassivos para si mesmos, em relação a fraquezas pessoais, revelaram posteriormente ter maiores sentimentos de autocompaixão. Eles também tiveram a experiência de outros benefícios psicológicos, como maior motivação para o autodesenvolvimento[6].

Por que funciona?

A autocompaixão reduz sentimentos dolorosos de vergonha e autocrítica, que podem comprometer a saúde mental e o bem-estar e são obstáculos para o crescimento pessoal. Escrever é uma maneira poderosa de lidar com sentimentos negativos e mudar o modo de pensar sobre uma situação desafiadora. Escrever de forma autocompassiva pode ajudar a substituir sua voz autocrítica por uma mais compassiva e otimista – uma que conforte e tranquilize, em vez de se repreender por suas falhas. Leva tempo e prática, mas quanto mais você escrever dessa forma, mais familiar e natural a voz compassiva irá lhe parecer e será mais fácil se lembrar de tratar a si mesmo de forma compreensiva quando você estiver se sentindo para baixo.

Diário da gratidão

Contexto

Este exercício solicita que você escreva sobre situações, eventos, pessoas ou coisas pelas quais você é grato. Inúmeras pesquisas

---

6 BREINES, J. G. & CHEN, S. (2012). "Self-compassion increases self-improvement motivation". *Personality and Social Psychology Bulletin*, 18(9), 1133-1143.

LEARY, M. R.,; TATE, E. B.,; ADAMS, C. E.; ALLEN, A. B. & HANCOCK, J. (2007). "Self-Compassion and Reactions to unpleasant self-relevant events: The implications of treating oneself kindly". *Journal of Personality and Social Psychology*, 92, 887-904.

NEFF, K. D. & GERMER, C. K. (2013). "A pilot study and randomized controlled trial of the mindful self-compassion program". *Journal of Clinical Psychology*, 69(1), 28-44.

SHAPIRA, L. B. & MONGRAIN, M. (2010). "The benefits of self-compassion and optimism exercises for individuals vulnerable to depression". *The Journal of Positive Psychology*, 5, 377-389.

sugerem que as pessoas que sentem gratidão pelas coisas boas da vida – sejam grandes, sejam pequenas – possuem melhor saúde e mais felicidade. A maioria de nós nem sempre percebe essas coisas positivas, mas estudos mostram que focar conscientemente nelas pode nutrir uma atitude de gratidão em poucas semanas.

Tempo necessário

De 10 a 15 minutos por dia, por pelo menos uma semana. Estudos sugerem que, na verdade, escrever em um diário de gratidão de uma a três vezes por semana pode ter maior impacto na nossa felicidade do que escrever diariamente.

Instruções

1. **Seja o mais específico possível.** Especificidade é a chave para nutrir a gratidão. "Sou grato por meus colegas me trazerem sopa quando eu estava doente na terça-feira" será mais efetivo do que "Sou grato pelos meus colegas".

2. **Prefira a profundidade em vez da abrangência.** Escrever em detalhes sobre uma pessoa ou coisa pela qual você é grato carrega mais benefícios do que fazer uma lista superficial de muitas coisas.

3. **Seja pessoal.** Focar as pessoas pelas quais você é grato tem mais impacto do que focar as coisas pelas quais você é grato.

4. **Tente subtração, não apenas adição.** Considere como seria sua vida se você não tivesse certas pessoas ou coisas, em vez de apenas enumerar as coisas boas.

5. **seja grato** pelas consequências negativas que você evitou, preveniu ou transformou em algo positivo.

6. **Veja as coisas boas como "presentes".** Pensar nas coisas boas da vida como presentes evita que sejam passadas despercebidas. Tente saborear e apreciar os presentes que você recebeu.

7. **Aprecie surpresas.** Registre eventos que foram inesperados ou surpreendentes, pois esses tendem a extrair níveis mais fortes de gratidão.

8. **Revise se você repetiu algo.** Você pode escrever sobre as mesmas pessoas e coisas, mas, nesse caso, considere diferentes aspectos e detalhes.

9. **Escreva regularmente.** Comprometa-se a escrever regularmente, seja uma vez por dia ou uma vez por semana. Porém...

10. **Não exagere.** Evidências sugerem que escrever ocasionalmente (uma ou duas vezes por semana) é mais benéfico do que escrever diariamente. Isso pode ajudar a aproveitar as surpresas e evitar a adaptação aos eventos positivos.

Evidências de que funciona

Participantes que realizaram a visita de gratidão, após uma semana de exercício, estavam mais felizes e menos deprimidos. Na verdade, apresentaram as maiores mudanças positivas em todo o estudo. Esse aumento na felicidade e diminuição na depressão foram mantidos nas avaliações de acompanhamento uma semana e um mês depois.

Participantes que mantiveram um diário de gratidão semanal por dez semanas, ou diário por duas semanas, experimentaram mais gratidão, humor positivo, otimismo sobre o futuro e melhor qualidade de sono[7].

Por que funciona?

Enquanto é importante analisar e aprender com eventos ruins, às vezes pensamos demais sobre o que deu errado e não o bastante sobre o que deu certo em nossas vidas. Um diário de gratidão nos

---

7 SELIGMAN, M. E. P.; STEEN, T. A.; PARK, N.; PETERSON, C. & MCCULLOUGH, M. E. (2005). Progresso da psicologia positiva: Validação científica das intervenções e práticas. University of Pennsylvania.

EMMONS, R. A. & MCCULLOUGH, M. E. (2003). "Counting blessings versus burdens: An experimental investigation of gratitude and subjective well-being in daily life. Journal of Personality and Social Psychology, 84(2), 377-389.

obriga a prestar atenção nas coisas boas da vida, que podem passar despercebidas. Dessa forma, começamos a nos tornar mais sintonizados com as fontes de prazeres cotidianos ao nosso redor – e o tom emocional das nossas vidas pode mudar profundamente. Pesquisa sugere que traduzir pensamentos em linguagem concreta nos torna mais conscientes deles, aumentando a profundidade do impacto emocional.

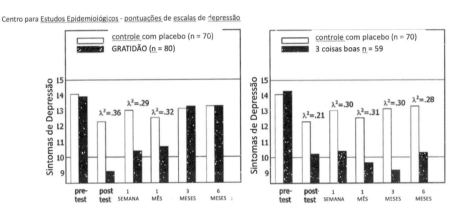

Exemplo de caso real

Um cliente da Kronberg, empresário que chamarei de Jean, demonstrava um viés pessimista muito evidente. Com a crise de 2015, esse viés pessimista se intensificou ainda mais. Ele estava constantemente tenso, sofria de insônia e recorria a medicamentos para dormir.

Além de sugerir o mapeamento de suas emoções, recomendei que ele realizasse o teste de positividade diário no site www.positivity.com, desenvolvido por Barbara Fredrickson, e que me enviasse os resultados. O objetivo era mantê-lo consciente da importância de cultivar o otimismo e a positividade em sua vida, visando sua saúde física, mental e financeira.

Sugeri que ele tirasse uma semana de folga com sua esposa, viajando para um destino exótico, com o intuito de mudar de ambiente, adquirir novas perspectivas e descansar. Ele optou por visitar um país exótico. Preocupou-me que ele não tivesse acesso ao site para fazer o teste diário de positividade, então sugeri que ele comprasse elásticos, colocando-os no bolso e, para cada emoção positiva que experimentasse, colocasse um elástico no braço direito, e para cada emoção negativa, no braço esquerdo.

Jean me telefonou um dia durante a viagem para contar que estava entrando em um restaurante maravilhoso, premiado, enquanto discutia com sua esposa, que estava reclamando de algo. Nesse momento, ele parou para refletir em qual braço desejava colocar os elásticos. Optou por colocá-los no braço direito. *"O clima mudou! Tivemos um jantar maravilhoso, compartilhamos um vinho especial que ambos gostamos e nos reconectamos!"*

Trata-se de uma escolha!

E você, em qual braço deseja colocar o elástico?

8

Consciência social: orquestrando empatia e direcionando propósito pessoal

"Quem tem um porquê para viver pode suportar praticamente qualquer como."
Friedrich Nietzsche

No complexo ecossistema das relações humanas, a *consciência social* é o terceiro pilar através do qual se revela a Metodologia Kronberg de Inteligência Emocional. Aqui, *empatia* e propósito individual não apenas coexistem, como também se entrelaçam de maneira sinérgica, formando um panorama onde cada indivíduo é tanto maestro quanto músico de sua própria existência, compondo a melodia de sua vida não com base em expectativas alheias, mas seguindo o ritmo e a harmonia de suas próprias aspirações e valores.

A empatia, como um conceito psicológico e social, tem uma história rica e variada, e seu entendimento mudou significativamente desde que foi primeiramente conceituado. Essa transição histórica inclui:

1. **Origens do termo:** originalmente, o termo "empatia" foi cunhado no início do século XX, traduzido do alemão *einfühlung*, que significava "sentir-se dentro". Nesse

contexto, inicialmente estava relacionado mais à estética e à experiência de se projetar em objetos de arte.

2. **Desenvolvimento psicológico:** ao longo do século XX, o conceito de empatia evoluiu para incluir a capacidade de compreender e compartilhar os sentimentos de outra pessoa. Isso representou uma mudança significativa de uma interpretação mais baseada na estética para uma compreensão psicológica e interpessoal.

3. **Empatia na psicologia moderna:** hoje, a empatia é amplamente entendida como uma capacidade multifacetada, que inclui aspectos cognitivos (inferir e entender os pensamentos e sentimentos dos outros) e afetivos (sentir e compartilhar ou responder emocionalmente às experiências dos outros).

Empatia e compaixão: os pilares da conexão humana

Empatia e compaixão são as forças gravitacionais que mantêm o universo das relações humanas em equilíbrio. Elas são os alicerces que sustentam a capacidade de entendimento mútuo e a ação benéfica entre as pessoas. Enquanto a empatia nos permite sintonizar com as frequências emocionais de outrem, a compaixão nos inspira a agir em nome do alívio alheio.

Definição de empatia e compaixão

Empatia é a capacidade intuitiva de ecoar as emoções e pensamentos alheios, uma sintonia fina com as experiências dos outros. A compaixão, por sua vez, é a resposta moral e ativa à empatia; é o compromisso empático que nos move em direção ao auxílio e conforto daqueles em sofrimento.

A importância da empatia e da compaixão

Empatia e compaixão são vitais tanto para relações interpessoais quanto para o bem-estar social. Elas servem como norte para comportamentos éticos, promovendo a gentileza e a generosidade em uma sociedade cada vez mais interconectada.

Benefícios da empatia

1. **Melhora a comunicação:** com empatia, rompemos os silos da incompreensão, facilitando diálogos mais significativos.

2. **Constrói confiança:** a empatia é um elo de confiança, essencial nas relações pessoais e profissionais.

3. **Reduz conflitos:** ao entendermos os sentimentos alheios, mitigamos desentendimentos e encontramos soluções conciliatórias.

4. **Fomenta a liderança compassiva:** líderes empáticos são faróis que guiam as equipes através do exemplo inspirador de humanidade e consideração.

Benefícios da compaixão

1. **Promove ação altruísta:** a compaixão incita-nos a estender a mão, a transformar a empatia em auxílio tangível.

2. **Melhora o bem-estar:** ações compassivas são sementes que florescem em bem-estar e felicidade.

3. **Estimula a cooperação:** a compaixão nos ambientes sociais e de trabalho tece a solidariedade e a colaboração.

4. **Gera resiliência:** comunidades que exibem compaixão têm mais capacidade de se reerguerem diante de adversidades.

Benefícios adicionais da empatia

- **Engajamento:** a empatia nutre a relevância e a motivação, fazendo com que cada membro da equipe, ou pessoa ao seu lado, sinta-se valorizado e essencial para o contexto organizacional e social.

- **Lealdade:** a confiança nasce do reconhecimento e do apreço, e é a chave para a retenção de talentos na organização e nos relacionamentos ao longo da vida.

- **Espírito de equipe:** a empatia no topo cria um contágio positivo que permeia toda a organização, fomentando a cooperação e elevando a produtividade.

- **Confiança e criatividade:** quando ouvidas e valorizadas, as pessoas são incentivadas a assumir riscos saudáveis, fomentando a inovação.

- **Satisfação com a vida:** indivíduos empáticos tendem a cultivar redes de relacionamento mais extensas e satisfatórias, fortalecendo a coesão comunitária e o bem-estar coletivo.

- **Cooperação além da organização:** a prática da empatia pelos líderes e colaboradores reverbera para além das fronteiras empresariais, impulsionando o espírito de equipe e parceria também nos laços com clientes e na comunidade. Isso resulta em um relacionamento mais autêntico e comprometido com o cliente, fortalecendo a fidelização (NPS) e a satisfação (ISC).

- **Inovação com relevância social:** quando a equipe se sente ouvida e suas ideias valorizadas, surge um incentivo para inovações que não apenas atendem às expectativas do mercado, mas também refletem um entendimento profundo das necessidades sociais, gerando produtos e serviços que promovem o bem-estar geral.

- **Enriquecimento das relações pessoais:** indivíduos empáticos não apenas cultivam uma rede profissional mais robusta, mas também nutrem relacionamentos pessoais mais fortes e gratificantes. Ao se colocarem no lugar dos outros, fomentam compreensão e apoio mútuo, enriquecendo suas conexões sociais e íntimas e contribuindo para uma maior coesão social.

Esses benefícios demonstram que a empatia não é apenas uma habilidade interpessoal essencial no ambiente de trabalho; ela também é intrínseca às relações cotidianas, influenciando positivamente a maneira como interagimos em nossas comunidades e redes sociais, e como construímos e mantemos laços íntimos duradouros.

Exemplos e histórias

Nelson Mandela: um legado de empatia e reconciliação

- **História:** Nelson Mandela (1918-2013), líder sul-africano, é um exemplo notável de empatia e compreensão em ação. Após 27 anos de prisão, ele emergiu não com amargura, mas com uma visão de reconciliação e compreensão mútua. Mandela trabalhou para compreender as perspectivas de todos os cidadãos sul-africanos, buscando unir uma nação dividida.

- **Impacto:** sua abordagem empática e foco na reconciliação ajudaram a prevenir uma guerra civil e a estabelecer as bases para a nova África do Sul. Mandela demonstrou como a empatia pode ser uma ferramenta poderosa para a resolução de conflitos e a promoção da paz.

Empatia na Educação: escolas que transformam comunidades

- **História:** muitas escolas ao redor do mundo estão integrando treinamentos de empatia em seus currículos, ensinando as crianças a compreender e respeitar os sentimentos dos outros.

- **Impacto:** esses programas têm mostrado melhorias na redução de *bullying*, aumento da cooperação entre alunos e um ambiente escolar mais harmonioso, beneficiando tanto os indivíduos quanto as comunidades.

Atendimento ao cliente e liderança: empatia como chave para o sucesso empresarial

- **História:** todos os programas da Kronberg – de Upskilling de Liderança, de Vendas e Atendimento a Clientes, incluem a medição e o desenvolvimento da empatia como uma competência da inteligência emocional indispensável para a liderança inspiradora e a eficácia no treinamento da Neurociência Aplicada a Vendas e Atendimento a Clientes.

- **Impacto:** desde 2002, essa abordagem evidencia ganhos significativos de engajamento e produtividade e na atração e otimização de talentos nas organizações clientes. A empatia no serviço ao cliente interno e externo não apenas resolve problemas de maneira mais eficaz, mas também cria uma conexão emocional positiva com os *stakeholders*, beneficiando a reputação e o sucesso da empresa.

Empatia em situações de crise: resposta humanitária

- **História:** organizações humanitárias que empregam a empatia em suas operações tendem a oferecer ajuda mais eficaz e adequada. Isso inclui entender as necessidades culturais e emocionais específicas das pessoas afetadas por crises.

- **Impacto:** tais abordagens empáticas na ajuda humanitária não apenas atendem às necessidades imediatas, mas também promovem a recuperação no longo prazo e a resiliência nas comunidades afetadas.

Programas de saúde mental: empatia como ferramenta terapêutica robusta

- **História:** nos últimos anos, tem havido um aumento significativo no uso de programas baseados em *mindfulness* e compaixão no tratamento e prevenção de transtornos mentais. Esses programas, como os da Kronberg, ensinam técnicas de meditação e consciência plena para ajudar os pacientes a lidarem com emoções e pensamentos desafiadores.

- **Impacto:** a implementação desses programas tem mostrado resultados promissores na melhoria da saúde mental. A empatia, cultivada através de *mindfulness*, tem se mostrado um antídoto eficaz contra problemas como solidão, ansiedade e depressão, promovendo bem-estar e resiliência emocional.

Comunidades após desastres: a força da empatia coletiva

- **História:** existem numerosos relatos de comunidades que, após desastres naturais, se uniram de maneira empática e compassiva. Essas comunidades não apenas se ajudaram mutuamente durante os momentos críticos, mas também trabalharam juntas na reconstrução e recuperação no longo prazo.

- **Impacto:** a solidariedade e a compaixão demonstradas nessas situações não apenas facilitaram a recuperação imediata, mas também fortaleceram os laços comunitários e a coesão social. Esses exemplos ilustram como a empatia e a compaixão podem ser poderosas na construção de comunidades mais fortes e resilientes.

Conclusão

Empatia e compaixão são mais que virtudes, são a essência de uma sociedade saudável e coesa. Elas são as competências que promovem os comportamentos necessários para lidarmos com a inevitabilidade da interdependência humana, permitindo que nos elevemos acima do individualismo e entremos em uma esfera de mutualidade e apoio. Cultivá-las é investir no capital social que beneficia todos, criando um mundo onde cada indivíduo pode prosperar.

9

Empatia: uma exploração profunda

A empatia é um portal para experiências e perspectivas alheias. Entendemos que, para muito além dos aspectos cognitivos de inferir e entender os pensamentos e sentir e compartilhar as emoções do outro, há uma terceira dimensão que é a empatia compassiva. Na Metodologia da Kronberg de Inteligência Emocional, a empatia se manifesta em três dimensões essenciais:

1. **Cognitiva:** esta faceta da empatia envolve a habilidade de inferir e entender intelectualmente os pensamentos, perspectivas e motivações alheias. É mais do que apenas ouvir ou observar; é um esforço ativo para se colocar no lugar do outro, compreendendo seu contexto, suas crenças e suas razões. Essa forma de empatia é crucial em ambientes diversos, facilitando a comunicação intercultural e a resolução de conflitos ao permitir que as pessoas vejam além de suas próprias pré-concepções e julgamentos.

2. **Emocional:** a empatia emocional vai além do entendimento intelectual e entra no campo do compartilhamento emocional. Aqui, trata-se de sentir o que outra pessoa está sentindo, compartilhando suas alegrias, dores, medos e esperanças. Essa conexão emocional pode criar um forte laço de confiança e compreensão, essencial para relações pessoais e profissionais profundas e significativas. No entanto, é importante manter um equilíbrio para evitar a sobrecarga emocional e a fadiga da compaixão.

3. **Compassiva:** a empatia compassiva é a culminação das dimensões cognitiva e emocional. Ela envolve a ação – o impulso de ajudar, de aliviar o sofrimento, de agir. Essa forma de empatia motiva mudanças positivas, seja em um ambiente de trabalho, seja em relações pessoais, ou ainda em contextos mais amplos de ajuda humanitária e ativismo social. A empatia compassiva é um catalisador para a bondade e o altruísmo, impulsionando iniciativas que buscam não apenas entender ou sentir, mas também melhorar ativamente a situação dos outros.

Fechando o ciclo da empatia

O ciclo da empatia se completa quando integramos essas três dimensões. A compreensão intelectual (*empatia cognitiva*) e o compartilhamento emocional (*empatia emocional*) são fundamentais, mas sem a dimensão da ação (*empatia compassiva*), o ciclo permanece incompleto. A validação compassiva das inferências cognitivas e emocionais é o que transforma a empatia de um sentimento ou pensamento interno em uma força externa para o bem, para o apoio e para a cura.

Diversidade, inclusão e pertencimento: empatia e compaixão na liderança contemporânea

No ambiente empresarial e social em constante evolução, os CEOs estão cada vez mais cientes da necessidade urgente de promover a diversidade, inclusão e senso de pertencimento dentro de suas organizações. Esse comprometimento não é apenas uma resposta às mudanças sociais, culturais ou demográficas; é um imperativo estratégico que impulsiona a inovação, aprimora o desempenho organizacional e reflete o mundo diversificado no qual operamos.

Um programa eficaz de diversidade, inclusão e pertencimento (D&IP) não mina a meritocracia nem cria desconforto; pelo contrário, visa enriquecer a cultura corporativa com uma ampla gama de perspectivas que fortalecem a resiliência, a criatividade e a vantagem competitiva da empresa.

Líderes visionários reconhecem o valor inestimável da diversidade, inclusão e senso de pertencimento como uma alavanca não apenas para o sucesso empresarial, mas também como uma demonstração de empatia e compaixão na prática da liderança.

O papel da empatia e das competências de liderança

Liderar com êxito em um programa eficaz de D&IP requer um compromisso genuíno com o cultivo de um ambiente inclusivo, onde a empatia e a inteligência emocional são competências fundamentais. Líderes eficazes demonstram uma dedicação inabalável a esses princípios, investindo não apenas recursos, mas também seu engajamento pessoal, para promover uma cultura na qual cada indivíduo se sinta valorizado e parte integrante da organização. A habilidade de compreender e compartilhar os sentimentos dos outros é essencial para acolher e buscar ativamente diversas perspectivas, fundamentando um ambiente que fomente inovação e resiliência organizacional.

A coragem é igualmente crucial; desafiar o *status quo*, abordar preconceitos arraigados e estar aberto para aprender com os erros são características de uma liderança inclusiva. A consciência dos preconceitos pessoais e organizacionais garante que as decisões sejam tomadas de forma mais imparcial, promovendo uma cultura na qual a diversidade é verdadeiramente valorizada.

A colaboração, sustentada pela confiança e respeito por pensamentos e experiências diversas, cria um espaço seguro no qual todas as vozes são ouvidas e valorizadas, promovendo um senso de pertencimento e aumentando significativamente o desempenho da equipe.

Integrar essas competências à estrutura da liderança não apenas está em conformidade com os imperativos morais de nosso tempo, mas também faz sentido do ponto de vista dos negócios.

D&IP e meritocracia

Um programa robusto de D&IP não compromete a meritocracia; pelo contrário, ele a realça, assegurando que o mérito seja reconhecido e cultivado em suas muitas formas, em todo o espectro do *pool* de talentos da organização. Ao fazer isso, as empresas podem refletir a diversidade de sua base de clientes, melhorar as relações com os *stakeholders* e construir uma reputação de liderança ética e de inovação.

Navegar pela delicada interseção entre (D&IP) e meritocracia requer um entendimento profundo de como essas forças, frequentemente vistas como antagônicas, podem, na realidade, complementar-se e fortalecer a cultura organizacional.

Talentos *versus* cotas

A adoção de cotas como estratégia para promover a diversidade no ambiente de trabalho muitas vezes gera debates acalorados sobre a sua compatibilidade com a meritocracia. O cerne da questão reside em garantir que todos os indivíduos tenham oportunidades iguais de serem reconhecidos e avançarem com base em seus méritos. Um programa robusto de D&IP transcende a noção de cotas ao focar o desbloqueio do potencial de cada indivíduo, garantindo que talentos não sejam negligenciados devido a vieses inconscientes ou estruturas organizacionais desatualizadas.

Cotas *versus* meritocracia

A meritocracia, idealmente, premia os indivíduos com base em sua competência e realizações. Contudo, na ausência de um ambiente verdadeiramente inclusivo que valorize a diversidade de pensamento, experiências e contextos, a meritocracia pode, sem intenção, perpetuar desigualdades e fomentar o "efeito manada". Esse fenômeno ocorre quando a conformidade e a uniformidade no pensamento, estimuladas por uma cultura homogênea, impedem a expressão de opiniões divergentes e inibem a inovação. D&IP eficazes não descartam a meritocracia; eles a refinam, assegurando que critérios de mérito sejam aplicados equitativamente e que oportunidades de desenvolvimento sejam acessíveis a todos, independentemente de sua origem.

Valores *versus* cotas

Integrar valores de diversidade e inclusão como princípios fundamentais da cultura organizacional promove um ambiente onde a meritocracia pode florescer de forma justa. Isso envolve reconhecer a diversidade não como uma cota a ser preenchida, mas como um valor intrínseco que enriquece a organização. A transparência nos processos de recrutamento, promoção e avaliação, juntamente com a formação contínua sobre vieses inconscientes, são passos cruciais nesse sentido.

Encontrando equilíbrio

O equilíbrio entre D&IP e meritocracia é alcançado quando as empresas adotam práticas que identificam e promovem talentos de todas as camadas da sociedade, reconhecendo que a diversidade de experiências e perspectivas é, por si só, um mérito. Isso inclui:

- Implementação de práticas de recrutamento e promoção que buscam proativamente talentos sub-representados, sem comprometer os padrões de excelência.

- Desenvolvimento de programas de mentoria e patrocínio para apoiar o crescimento profissional de todos os colaboradores, especialmente aqueles de grupos sub-representados.

- Avaliação regular das métricas de D&IP para garantir que as políticas e práticas estejam efetivamente promovendo a inclusão e reconhecendo o mérito.

Treinamento contínuo para a liderança

O compromisso com D&IP começa no topo. A alta liderança deve estar equipada não apenas com o entendimento teórico dos princípios de D&IP, mas também com as habilidades práticas para implementar esses princípios de maneira eficaz. Isso inclui a capacidade de reconhecer e mitigar vieses pessoais e institucionais, bem como a habilidade de promover um ambiente inclusivo, que valorize as contribuições de todos os membros da equipe.

Disseminando o conhecimento

O treinamento não deve se limitar ao nível executivo. É fundamental que todos os colaboradores entendam o papel que desempenham na promoção de um ambiente de trabalho inclusivo. Programas de treinamento, adaptados às diferentes funções e níveis hierárquicos, podem ajudar a disseminar uma compreensão profunda da importância da D&IP em toda a organização.

Desenvolvimento de competências de liderança inclusiva

As competências de liderança inclusiva devem ser um foco contínuo de desenvolvimento profissional, incentivando os líderes a praticarem, desenvolverem ou fortalecerem a inteligência emocional, que representa a principal força subjacente para os comportamentos convergentes com um Programa de D&IP efetivo – conexão empática, escuta ativa, promoção de um clima de confiança, cooperativo, adaptável e de execução ágil, para fomentar o diálogo aberto e apoiar o crescimento de todos os colaboradores. Isso envolve também a capacitação dos líderes para agirem como mentores e patrocinadores de talentos sub-representados, garantindo que a meritocracia seja uma realidade vivenciada por todos.

Avaliação e ajuste constante

O treinamento em D&IP deve ser acompanhado de avaliações regulares para medir sua eficácia e garantir que os objetivos de diversidade, inclusão e pertencimento estejam sendo atingidos. *Feedbacks* contínuos e a disposição para ajustar estratégias são essenciais para manter a relevância e eficácia do programa.

Em outras palavras, D&IP e meritocracia não são conceitos mutuamente excludentes. Ao contrário, uma abordagem bem elaborada para D&IP pode reforçar a meritocracia ao assegurar que cada indivíduo tenha a oportunidade de demonstrar seu valor e contribuir para o sucesso organizacional, refletindo assim a diversidade da sociedade em que operamos e cultivando uma cultura de liderança ética e de inovação.

Lacração

É fundamental abordar a importância de evitar a "lacração" ou o *diversity washing*. Ambas as práticas, que consistem em promover a diversidade e a inclusão de maneira superficial ou apenas para ganhar pontos de imagem, sem um compromisso real ou mudanças efetivas, podem minar a integridade dos esforços de D&IP.

Uma abordagem autêntica exige mais do que declarações públicas de apoio; requer a implementação de políticas e práticas que promovam uma mudança substancial. Isso significa ir além do cumprimento de cotas ou da simples representação visual, para fomentar uma cultura que valorize genuinamente as diferentes perspectivas e experiências.

A autenticidade nos esforços de diversidade e inclusão não apenas fortalece a credibilidade da empresa, mas também promove um senso de pertencimento e valorização entre todos os colaboradores, contribuindo para um ambiente de trabalho mais engajado e produtivo. Evitar a lacração e o *diversity washing* é, portanto, essencial para que os programas de D&IP alcancem seus objetivos de forma significativa e duradoura.

Métricas

Na Kronberg, adotamos uma abordagem dupla em termos de métricas, incorporando tanto as Métricas de Resultado quanto as Métricas de Processo, ambas desempenhando papéis cruciais na compreensão e no aprimoramento da diversidade dentro da empresa.

As Métricas de Resultado fornecem uma visão instantânea da composição atual da empresa, revelando quantitativamente a representação de mulheres, minorias raciais e outros grupos sub--representados em posições-chave. Essas métricas são essenciais para estabelecer um ponto de partida e definir objetivos claros de diversidade.

Por outro lado, as Métricas de Processo lançam luz sobre as dinâmicas subjacentes e os processos de gestão de talentos que podem estar contribuindo para as desigualdades.

Elas abrangem:

- **Viés do prove-it-again:** essa métrica identifica se há a necessidade de mulheres e pessoas de minorias raciais fornecerem mais provas de sua competência do que seus colegas homens brancos, expondo barreiras invisíveis à progressão.

- **Viés da corda bamba:** examinando a tendência de recompensar comportamentos autoritários e ambiciosos nos homens brancos, enquanto penaliza membros de outros grupos por comportamentos semelhantes, destaca a dupla medida em avaliações de desempenho e promoção.

- **Velocidade de progressão na carreira:** medindo a rapidez com que indivíduos de grupos sub-representados ascendem na hierarquia corporativa em comparação com seus colegas de grupos majoritários, proporciona *insights* sobre a equidade nas oportunidades de desenvolvimento e avanço.

- **Diferencial salarial entre gêneros/raças:** avaliando a equidade salarial entre colaboradores em cargos comparáveis, sublinha disparidades que precisam ser corrigidas.

- **Taxa de retenção:** mensurando a permanência de colaboradores de grupos sub-representados na empresa em comparação com colaboradores de grupos majoritários, indica o sucesso da empresa em criar um ambiente inclusivo.

- **Taxa de diversidade em cargos de liderança:** monitorando a presença de diversidade nos escalões superiores da organização, é um indicador-chave da eficácia das iniciativas de D&IP.

Ao incorporar essas métricas ao cerne da estratégia de D&IP, as organizações não apenas podem identificar áreas de atenção, mas também monitorar o progresso e ajustar as políticas conforme necessário. Isso não só demonstra um compromisso genuíno com a diversidade e inclusão, mas também garante que a abordagem para promover mudanças seja informada, direcionada e, acima de tudo, eficaz.

D&IP e IA

A IA pode desempenhar um papel crucial para tornar os processos de recrutamento, promoção e avaliação mais objetivos, eficientes e imparciais. A seguir, algumas maneiras de incorporar a IA nessas práticas:

- **Recrutamento e promoção imparciais:** ferramentas de IA podem ser programadas para analisar currículos sem viés, concentrando-se estritamente nas competências, experiências e méritos dos candidatos. Isso ajuda a neutralizar preconceitos inconscientes que podem influenciar as decisões humanas, promovendo uma seleção mais equitativa.

- **Identificação proativa de talentos sub-representados:** a IA pode ser usada para identificar talentos em fontes não convencionais ou destacar candidatos de grupos sub-representados que possuem as habilidades necessárias, mas que podem ser inadvertidamente ignorados em processos de seleção tradicionais.

- **Desenvolvimento e mentoria personalizados:** plataformas de IA podem oferecer recomendações personalizadas de desenvolvimento profissional e oportunidades de mentoria, adaptando-se às necessidades individuais de cada colaborador. Isso é especialmente valioso para apoiar o crescimento de membros de grupos sub-representados, garantindo que todos tenham acesso a recursos que os auxiliem em sua jornada profissional.

- **Avaliação contínua de métricas de D&IP:** a IA pode analisar grandes volumes de dados para monitorar o progresso das iniciativas de D&IP, identificando áreas de sucesso e aquelas que necessitam de melhorias. Isso permite uma avaliação mais ágil e fundamentada das políticas e práticas da empresa, assegurando que elas promovam efetivamente a inclusão e reconheçam o mérito de maneira justa.

Incorporar a IA nos esforços de D&IP não só aumenta a eficácia dessas iniciativas, como também demonstra um compromisso da empresa com a inovação e a justiça. Entretanto, é crucial garantir que os sistemas de IA sejam projetados e implementados de maneira ética, com mecanismos para evitar a reprodução de vieses existentes nos dados ou algoritmos. A combinação de tecnologia avançada com uma abordagem consciente e humana à D&IP e meritocracia pode transformar positivamente o ambiente de trabalho, criando uma cultura verdadeiramente inclusiva e meritocrática.

Vieses e privilégio

Para enriquecer ainda mais o discurso sobre diversidade, inclusão e pertencimento, é crucial explorar o tema dos vieses e privilégios. Esses elementos desempenham um papel crítico na moldagem do clima organizacional e afetam diretamente a eficácia dos programas de D&IP. Reconhecer e abordar vieses e privilégios não é apenas uma questão de garantir justiça; trata-se de desbloquear o potencial total de cada indivíduo dentro da organização.

Os vieses, sejam conscientes, sejam inconscientes – na maioria das vezes são inconscientes –, podem significativamente restringir o campo de visão da liderança, impedindo o reconhecimento objetivo do talento e mérito. É crucial que os líderes se envolvam em aprendizado contínuo e autorreflexão para identificar e mitigar seus vieses. Essa introspecção não é um esforço único, mas um compromisso contínuo com o crescimento pessoal e organizacional. Ao fazer isso, os líderes podem tomar decisões mais inclusivas, que reflitam verdadeiramente as diversas capacidades e potenciais de sua força de trabalho.

Por outro lado, o privilégio muitas vezes passa despercebido por aqueles que se beneficiam dele. Reconhecer o privilégio não é uma admissão de culpa, mas um passo essencial para compreender as desigualdades existentes dentro da sociedade e, por extensão, dentro das organizações. Os líderes devem usar suas posições de influência para advogar por mudanças sistêmicas que nivelem o campo de jogo para todos. Isso envolve criar oportunidades para grupos sub-representados e garantir que a meritocracia não seja apenas um princípio, mas uma prática que avalie e recompense justamente as contribuições de todos os colaboradores.

Integrar um profundo entendimento de vieses e privilégios em programas de D&IP reforça o compromisso com uma cultura meritocrática e inclusiva. Não se trata de induzir desconforto ou culpa entre a força de trabalho, mas de fomentar um ambiente onde cada indivíduo tenha a oportunidade de prosperar com base em seus méritos. Os líderes desempenham um papel fundamental nesse processo, modelando comportamentos inclusivos, promovendo equidade e encorajando um diálogo aberto sobre esses tópicos frequentemente sensíveis. Incorporar essas considerações em iniciativas de D&IP as transformam de meros exercícios de conformidade em poderosos motores de mudança organizacional.

Isso amplia os imperativos morais e de negócios da diversidade, inclusão e pertencimento, posicionando as empresas não apenas para navegar nas complexidades do contexto empresarial contemporâneo, mas para prosperar dentro dele. Por meio de esforços conscientes para entender e abordar vieses e privilégios, CEOs e líderes podem cultivar uma cultura que não apenas valoriza, mas celebra o rico espectro da diversidade humana.

Conclusão: a empatia é fundamental para o sucesso dos programas de Diversidade, Inclusão e Pertencimento. Ela transcende o reconhecimento das diferenças, capacitando líderes e colaboradores a compreenderem e valorizarem profundamente as experiências e perspectivas de cada indivíduo. Líderes empáticos, armados com inteligência emocional, podem navegar com eficácia nas complexidades dos relacionamentos humanos, abordar vieses inconscientes e construir uma cultura organizacional inclusiva e acolhedora.

A empatia promove o diálogo aberto e a comunicação eficaz, essenciais para identificar e superar obstáculos à inclusão e acessibilidade. Ao se basear nessa compreensão emocional, os programas de D&IP não só são mais bem recebidos, como também geram mudanças significativas e duradouras, criando um ambiente onde a diversidade não é apenas celebrada, mas vista como um pilar para o crescimento e inovação organizacional.

Portanto, a empatia não é apenas uma competência valiosa, mas um elemento essencial para líderes e organizações que buscam promover uma verdadeira cultura de diversidade, inclusão e acessibilidade. Organizações que incorporam a empatia em suas estratégias de D&IP não apenas fomentam um ambiente de trabalho mais positivo e produtivo, mas também se destacam como líderes em um mundo diversificado e interconectado.

Como a empatia é processada no cérebro

The Social Neuroscience of Empathy, editado por Jean Decety e William Ickes, é uma obra seminal que reúne diversas pesquisas para entender como a empatia é processada no cérebro e seu impacto nas relações sociais. O livro oferece *insights* valiosos sobre os aspectos neurocientíficos da empatia. A seguir, um resumo dos principais pontos relacionados ao processamento cerebral da empatia:

1. **Redes neurais envolvidas na empatia**

   - **Córtex pré-frontal:** essa área do cérebro está associada à tomada de decisões, julgamento moral e regulação das emoções. Desempenha um papel crucial na empatia cognitiva, ajudando a compreender e avaliar as perspectivas e emoções dos outros.

   - **Córtex cingulado anterior e ínsula:** essas regiões estão envolvidas na empatia afetiva, permitindo que uma pessoa sinta o que outra pessoa está sentindo. A ativação dessas áreas está ligada à experiência da dor e do desconforto, refletindo a capacidade de compartilhar as emoções alheias.

2. **Resposta espelho**

   - O sistema de neurônios-espelho é crucial para a empatia. Esses neurônios são ativados tanto quando uma pessoa executa uma ação quanto quando observa outra pessoa executando a mesma ação. Isso possibilita uma compreensão intuitiva e não verbal das emoções e intenções dos outros.

3. **Empatia e regulação emocional**

   - A empatia envolve não apenas sentir as emoções dos outros, mas também regular as próprias respostas emocionais. Áreas do cérebro como o córtex pré-frontal dorsolateral e o córtex orbitofrontal estão envolvidas na regulação dessas emoções, permitindo que a pessoa mantenha o equilíbrio emocional enquanto manifesta empatia para com os outros.

4. **Processamento cognitivo e afetivo**

   - A empatia consiste em dois componentes principais: cognitivo (compreender os pensamentos e sentimentos dos outros) e afetivo (compartilhar as emoções dos outros). Diferentes regiões cerebrais estão envolvidas em cada um desses componentes, trabalhando em conjunto para permitir uma resposta empática completa.

5. Empatia e experiências sociais

- O livro também explora como diferentes experiências sociais, por exemplo, a criação e o ambiente cultural, podem influenciar a forma como a empatia é processada no cérebro. As experiências de vida podem fortalecer ou atenuar as redes neurais relacionadas à empatia.

6. Implicações para transtornos psicológicos

- Um entendimento aprofundado de como a empatia é processada no cérebro tem implicações para o entendimento e tratamento de transtornos psicológicos, como o autismo e a sociopatia, que frequentemente envolvem déficits na empatia.

A terceira dimensão da empatia no cérebro

Embora o livro de Jean Decety e William Ickes ofereça *insights* detalhados sobre as dimensões cognitiva e afetiva da empatia, fomos explorar especificamente as áreas cerebrais associadas ao cuidado empático ou compassivo.

O cuidado empático ou compassivo, que é a terceira dimensão da empatia na Metodologia da Kronberg de inteligência emocional, também tem sido objeto de estudo na neurociência social e tem áreas cerebrais associadas identificadas.

Áreas cerebrais associadas ao cuidado empático ou compassivo

1. **Córtex pré-frontal ventromedial (VMPFC):** essa área do cérebro está frequentemente associada à tomada de decisões baseada em emoções e considerações morais. Ela desempenha um papel fundamental no cuidado empático, ajudando a avaliar a importância emocional das situações e a motivar comportamentos compassivos.

2. **Córtex cingulado anterior (ACC):** o ACC, especialmente a sua parte afetiva, está envolvido na resposta emocional e

na percepção da dor, tanto física quanto emocional. A sua ativação está relacionada à empatia pelo sofrimento dos outros e ao impulso para aliviar esse sofrimento.

3. **Ínsula:** a ínsula é crucial para a experiência empática das emoções dos outros, incluindo a dor e o desconforto. Ela ajuda na compreensão emocional e na motivação para responder de maneira compassiva.

4. **Giro do cíngulo posterior:** envolve-se na representação visual e cognitiva do sofrimento alheio e na avaliação da necessidade de resposta compassiva.

5. **Regiões ligadas à teoria da mente (ToM):** áreas como o córtex temporoparietal estão envolvidas na capacidade de entender os estados mentais dos outros, um componente crucial da empatia compassiva.

Estratégias práticas para o fortalecimento dessas áreas do cérebro

- **Treinamento em** *mindfulness* **e meditação compassiva:** práticas que se concentram na atenção plena e na compaixão têm o potencial de ativar e fortalecer conexões em áreas do cérebro, como a ínsula e o córtex pré-frontal ventromedial. Essas técnicas aprimoram a empatia e a regulação emocional, permitindo que os indivíduos se sintonizem melhor com suas próprias emoções e as dos outros, promovendo uma compreensão profunda e compassiva.

- **Workshops de habilidades sociais:** esses programas ensinam técnicas de comunicação eficaz, escuta ativa e resolução de conflitos. Através de atividades interativas e práticas, os participantes aprendem a melhorar a interação social e a compreensão mútua, fundamentais para o desenvolvimento de relacionamentos saudáveis e colaborativos.

- **Treinamento em inteligência emocional:** cursos focados no desenvolvimento de autoconsciência, equilíbrio emocional, consciência social e gestão de relacionamentos oferecem ferramentas para fortalecer as habilidades empáticas e de inteligência emocional. Através de treinamento específico, os indivíduos aprendem a identificar suas próprias emoções e as dos outros, gerenciar respostas emocionais de forma construtiva e cultivar relacionamentos positivos, contribuindo para ambientes mais harmoniosos e produtivos.

O cuidado empático ou compassivo é, portanto, apoiado por uma rede de áreas cerebrais que trabalham em conjunto para permitir não apenas a compreensão e o compartilhamento das emoções dos outros, mas também para motivar ações de cuidado e apoio. Essa compreensão neurocientífica realça a complexidade da empatia e a importância de considerá-la em uma abordagem multidimensional, que abrange aspectos cognitivos, emocionais e compassivos.

Práticas adicionais da empatia

Para ativar as áreas cerebrais associadas à empatia e, consequentemente, desenvolver maior empatia na prática, podemos adotar diversas estratégias e exercícios. Essas técnicas têm como objetivo fortalecer as conexões neurais envolvidas no processamento empático e compassivo. Aqui estão algumas delas:

1. **Treinamento em escuta ativa**

   - **Como fazer:** pratique ouvir atentamente sem interrupções, refletindo sobre o que foi dito e respondendo de maneira que demonstre compreensão e validação.

   - **Impacto:** a prática da escuta ativa pode fortalecer o processamento empático cognitivo, ativando áreas cerebrais relacionadas à compreensão dos estados mentais dos outros.

2. Exercícios de perspectiva e *role-playing*

- **Como fazer:** participe de exercícios nos quais você assume o papel de outra pessoa, buscando compreender suas experiências e emoções.
- **Impacto:** esses exercícios podem ativar o córtex pré--frontal ventromedial e regiões associadas à teoria da mente, melhorando a empatia cognitiva.

3. Voluntariado e engajamento social

- **Como fazer:** envolva-se em atividades de voluntariado ou projetos comunitários, interagindo e auxiliando pessoas de diversas origens e situações.
- **Impacto:** o contato direto e a assistência aos outros podem ativar áreas cerebrais ligadas ao cuidado compassivo.

4. Exposição a histórias e narrativas diversas

- **Como fazer:** leia livros ou assista a filmes que apresentem uma variedade de perspectivas e experiências humanas.
- **Impacto:** a exposição a diferentes narrativas pode estimular a empatia ao ativar áreas cerebrais responsáveis pela compreensão e compartilhamento emocional.

5. Diário de gratidão e reflexão

- **Como fazer:** como já vimos anteriormente, mantenha um diário onde você registra pensamentos de gratidão e reflete sobre suas interações diárias sob uma perspectiva empática. Ou, no mapeamento diário de emoções da Kronberg, dê especial atenção aos pensamentos e emoções de gratidão.
- **Impacto:** isso ajuda a cultivar uma atitude positiva e aberta em relação aos outros, fortalecendo a empatia afetiva e cognitiva.

6. Treinamento formal em empatia

- **Como fazer:** participe de *workshops* ou cursos que se concentrem na medição e desenvolvimento da empatia.

- **Impacto**: o aprendizado estruturado e a prática em tais programas podem melhorar significativamente a habilidade empática.

Ao implementar regularmente essas técnicas, é possível fortalecer as redes neurais envolvidas no processamento da empatia, tornando-se mais empático e aprimorando a capacidade de compreender, compartilhar e responder às emoções dos outros.

Escuta empática no detalhe

O exercício de escuta empática é uma técnica poderosa para fortalecer a empatia e melhorar a comunicação interpessoal. A seguir, um guia detalhado sobre o que fazer, como fazer e por que funciona.

O que fazer

- **Focar totalmente no outro:** dedique sua total atenção ao interlocutor, sem distrações.

- **Evitar julgamentos e preconceitos:** aborde a conversa com uma mente aberta, evitando julgar ou fazer suposições.

- **Reconhecer e validar sentimentos:** identifique e reconheça os sentimentos expressos pela outra pessoa.

Como fazer

- **Ambiente adequado:** escolha um ambiente tranquilo e confortável para a conversa, livre de interrupções e distrações.

- **Linguagem corporal aberta:** adote uma postura aberta e acolhedora. Mantenha contato visual apropriado e acene com a cabeça para mostrar que você está ouvindo.

- **Evitar interrupções:** não interrompa enquanto a outra pessoa está falando. Mesmo que você tenha algo importante a dizer, aguarde até que a pessoa termine de falar.

- **Parafrasear e refletir:** repita ou parafraseie o que a outra pessoa disse para garantir que você entendeu corretamente. Isso também mostra que você está prestando atenção.

- **Fazer perguntas abertas:** faça perguntas que encorajem a outra pessoa a expandir seus pensamentos e sentimentos.

- **Expressar empatia:** use frases como "Parece que isso foi realmente difícil para você", ou "Eu consigo entender como isso pode fazer você se sentir assim", para expressar empatia.

Por que funciona

- **Validação emocional:** a escuta empática valida as emoções do interlocutor, fazendo com que se sintam ouvidos e compreendidos, o que é crucial para construir confiança e empatia.

- **Redução de conflitos:** ao entender verdadeiramente e refletir sobre os sentimentos e pensamentos de outra pessoa, é possível reduzir mal-entendidos e conflitos.

- **Fortalecimento de relacionamentos:** praticar a escuta empática pode fortalecer relacionamentos, tanto pessoais quanto profissionais, ao promover uma comunicação mais aberta e uma maior compreensão mútua.

- **Bases neurocientíficas:** a escuta empática ativa as redes neurais associadas ao entendimento social e à empatia no cérebro. Isso melhora nossa capacidade de nos conectarmos emocional e cognitivamente com os outros.

Praticar a escuta empática regularmente pode levar a melhorias significativas na qualidade das interações sociais, tornando os indivíduos mais sensíveis e receptivos às necessidades e emoções dos outros. É uma habilidade essencial para qualquer pessoa que deseje construir e manter relacionamentos saudáveis, compreensivos e duradouros.

Empatia e epigenética: explorando a interação entre genética e ambiente

Além da transição histórica do conceito de empatia, é fundamental considerar a contribuição da epigenética no entendimento moderno da empatia. A epigenética, que estuda como os comportamentos e o ambiente podem causar mudanças que afetam a maneira como os genes funcionam, oferece *insights* valiosos sobre como a capacidade empática pode ser influenciada por fatores externos além da genética hereditária.

Estudos em epigenética e empatia

Pesquisas recentes em epigenética têm explorado como experiências de vida, particularmente aquelas envolvendo estresse ou trauma, podem impactar a expressão genética relacionada à empatia e à regulação emocional. Esses estudos sugerem que enquanto certos aspectos da empatia podem ser herdados geneticamente, a expressão desses genes e o desenvolvimento da empatia também são significativamente influenciados pelo ambiente e pelas experiências vividas.

Por exemplo, estudos mostraram que crianças que crescem em ambientes estressantes ou abusivos podem experimentar mudanças na expressão genética que afetam sua capacidade de empatia e processamento emocional. Tais mudanças epigenéticas podem alterar a forma como processam e respondem às emoções, tanto suas quanto as dos outros.

Implicações da epigenética na compreensão da empatia

1. **Natureza *versus* criação:** a epigenética fornece uma ponte entre o debate clássico de natureza *versus* criação, sugerindo que a empatia é um traço influenciado tanto pela genética quanto pelo ambiente.

2. **Plasticidade e mudança:** a epigenética revela que a expressão genética não é imutável. As experiências de vida, a educação

e o ambiente podem moldar e modificar a capacidade empática ao longo do tempo.

3. **Relevância terapêutica:** compreender a interação epigenética na empatia abre caminho para abordagens terapêuticas mais eficazes em casos de trauma ou distúrbios emocionais, permitindo intervenções que consideram tanto fatores genéticos quanto ambientais.

4. **Prevenção e intervenção:** o conhecimento das influências epigenéticas na empatia pode informar estratégias preventivas e de intervenção em contextos educacionais e sociais, visando promover ambientes que favoreçam o desenvolvimento saudável da empatia.

A inclusão de estudos epigenéticos enriquece nossa compreensão da empatia, destacando como essa capacidade é o resultado de uma complexa interação entre os genes que herdamos e os ambientes em que vivemos. Esse entendimento destaca a importância de criar ambientes de apoio, especialmente durante fases críticas do desenvolvimento, para nutrir e fortalecer a empatia nas gerações futuras.

Empatia – um jogo de soma zero?

O conceito de empatia como um jogo de soma zero é complexo e tem sido objeto de estudo na psicologia e nas ciências sociais. A crença de soma zero se refere à noção subjetiva de que os ganhos de uma parte são inevitavelmente acumulados à custa de outras. Essa crença é aplicada para entender as relações interpessoais, intergrupais e internacionais. Embora estudos específicos focados na empatia como um jogo de soma zero não estivessem prontamente disponíveis na literatura mais recente, até a presente data, há várias pesquisas em psicologia e ciências sociais que oferecem *insights* relacionados a essa ideia. Vamos explorar algumas dessas conclusões:

1. **Limites da empatia e recursos emocionais:** alguns estudos sugerem que a capacidade de empatia de um indivíduo pode ser limitada e influenciada por fatores como fadiga emocional

e sobrecarga de estresse. Isso implica que a empatia excessiva em uma área pode levar a uma diminuição da capacidade de manifestar empatia em outra.

2. **Influência da identificação grupal:** pesquisas indicam que as pessoas tendem a ter mais empatia com membros de seu próprio grupo social ou cultural. Isso pode levar a uma distribuição desigual da empatia, em que a empatia por um grupo pode, em alguns casos, reduzir a empatia por outro grupo, refletindo um tipo de dinâmica de soma zero.

3. **Empatia e preconceito implícito:** estudos sobre preconceito implícito mostram que as atitudes e vieses inconscientes podem afetar a maneira como a empatia é distribuída, sugerindo que a empatia pode ser inconscientemente limitada a certos grupos ou indivíduos.

4. **Fadiga da compaixão e exaustão empática:** a fadiga da compaixão, comum em profissões da área da saúde, é um exemplo de como a empatia pode ser esgotada ou diminuída. Profissionais que lidam com situações emocionalmente intensas podem experimentar uma diminuição na capacidade de manifestar empatia, indicando um limite nos recursos emocionais disponíveis.

5. **Empatia e tomada de decisão moral:** pesquisas em tomada de decisão moral sugerem que a empatia pode ser direcionada de maneira seletiva, influenciando como as decisões são tomadas e para quem se estende a compaixão e o cuidado. Isso pode refletir uma abordagem de soma zero, onde a empatia por certos indivíduos ou grupos pode excluir outros.

6. **Desenvolvimento e treinamento da empatia:** estudos sobre o treinamento da empatia indicam que, embora os recursos empáticos possam ser limitados, eles podem ser expandidos e fortalecidos por meio de práticas conscientes.

A empatia e os profissionais da saúde

Estudos sobre a empatia dos médicos demonstram vantagens significativas tanto para os profissionais da medicina quanto para seus pacientes. A empatia influencia positivamente a adesão dos pacientes ao tratamento, os resultados do efeito placebo e até a redução de litígios. No entanto, um desafio significativo para os profissionais da saúde é evitar a exaustão empática, ou a fadiga da compaixão. Várias estratégias podem ser empregadas para prevenir e gerenciar essa exaustão:

1. **Reconhecimento e autoconhecimento:** identificar sinais de exaustão empática é crucial tanto para médicos quanto para indivíduos em outras profissões e contextos de vida. Técnicas de *mindfulness,* meditação e o mapeamento diário de emoções da Kronberg são úteis para aumentar a consciência sobre o próprio estado emocional.

2. **Estabelecer limites saudáveis:** aprender a equilibrar empatia com certo grau de distanciamento emocional é importante em todas as relações. Isso envolve encontrar um meio-termo de modo que a compaixão não resulte em sobrecarga emocional.

3. **Propósito individual e resiliência:** reforçar o propósito individual e significado nas atividades diárias pode ser um forte protetor contra a exaustão empática. Isso se aplica tanto à prática médica quanto a outros contextos profissionais e pessoais.

4. **Suporte social e profissional:** ter uma rede de apoio entre colegas de trabalho ou amigos e familiares é vital. O apoio de mentores ou conselheiros também pode ser benéfico.

5. **Autocuidado:** práticas de autocuidado são fundamentais para manter o equilíbrio físico e mental. Isso inclui exercícios, *hobbies* e tempo de qualidade com entes queridos.

6. **Educação e treinamento em empatia:** treinamentos que enfocam habilidades de comunicação empática e gestão

emocional são benéficos tanto para profissionais da saúde quanto para o público em geral.

Ao adotar essas estratégias, tanto profissionais da área da saúde quanto pessoas em geral podem não apenas manter a capacidade de empatia e compaixão, mas também se proteger contra os efeitos negativos do envolvimento emocional excessivo. O equilíbrio entre a empatia eficaz e o autocuidado é a chave para uma vida sustentável e próspera em todos os contextos.

Enquanto a ideia de empatia como um jogo de soma zero oferece uma perspectiva intrigante sobre os limites e a distribuição da empatia, a pesquisa sugere uma visão mais complexa e matizada. A empatia parece ser influenciada por uma variedade de fatores genéticos, epigenéticos, sociais, psicológicos e contextuais, e sua aplicação pode ser mais flexível e adaptável do que o modelo de soma zero inicialmente sugere.

Ecoando no vazio: a empatia em declínio no século XXI

Em um mundo em constante transformação, um fenômeno preocupante tem surgido silenciosamente nas sombras da era digital: o declínio da empatia. Nas últimas duas décadas, à medida que a tecnologia avança a passos largos, a nossa habilidade inata de conectar, compreender, sentir e ser compassivo com os outros tem enfrentado desafios sem precedentes. Vamos explorar as causas fundamentais principais desse declínio.

A era digital e o isolamento emocional

Era uma vez uma geração que cresceu cercada por telas e dispositivos, prometendo uma conexão global ininterrupta. No entanto, paradoxalmente, essa promessa de conectividade trouxe junto um isolamento emocional profundo. Estudos apontam para uma redução alarmante nos níveis de empatia, especialmente entre os jovens. O uso excessivo de tecnologia, em vez de aproximar, acabou distanciando as pessoas das interações humanas genuínas, essenciais para o desenvolvimento empático.

Uma pesquisa da Universidade de Michigan revelou uma queda de 40% nos níveis de empatia entre estudantes universitários desde 2000.

A transformação social e suas consequências

As estruturas familiares e dinâmicas comunitárias também passaram por mudanças significativas. Famílias menores, menos interação com vizinhos e comunidades diluídas criaram um terreno fértil para o individualismo, em detrimento do senso coletivo e da compreensão mútua. A falta de experiências compartilhadas, que uma vez serviram como alicerce para a empatia, agora parece ser uma relíquia de um passado distante.

O novo paradigma educacional

O sistema educacional não ficou imune a essas mudanças. A ênfase crescente na realização individual e na competição tem marginalizado a importância da empatia. Histórias de salas de aula onde a colaboração cedeu lugar à competição são um testemunho desse fenômeno. A educação, que uma vez se esforçou para moldar indivíduos equilibrados e emocionalmente inteligentes, agora parece priorizar outras métricas de sucesso.

A American Psychological Association destacou, em 2016, a necessidade de repensar os currículos educacionais para incluir o desenvolvimento de habilidades socioemocionais.

A tecnologia: uma faca de dois gumes

Por um lado, a tecnologia tem o poder de conectar. Por outro, ela pode criar barreiras invisíveis, um véu entre a realidade e a percepção. A interação digital, embora conveniente, muitas vezes carece da profundidade e da riqueza das conexões presenciais. Ela pode mascarar as nuances emocionais e os sutis sinais não verbais, essenciais para a compreensão empática genuína.

A American Academy of Pediatrics adverte sobre os impactos

do uso excessivo de dispositivos digitais no desenvolvimento empático. Um grupo de adolescentes em um acampamento tecnológico nos Estados Unidos experimentou melhorias na comunicação e empatia após um período em que eles permaneceram desconectados.

Uma experiência realizada em um acampamento de verão na Califórnia, onde os jovens passaram duas semanas sem acesso a dispositivos eletrônicos, resultou em um aumento significativo em sua habilidade de ler expressões faciais e compreender emoções, um indicador-chave da empatia.

A história de Lucas: navegando na era digital

Lucas, um estudante de 17 anos do ensino médio em São Paulo, como a maioria dos adolescentes no mundo, é um exemplo vivo dos desafios enfrentados pela juventude na era digital. Criado em uma era dominada por *smartphones* e mídias sociais, Lucas passa a maior parte do seu tempo livre navegando entre diferentes plataformas on-line. Apesar de ter centenas de "amigos" on-line, ele frequentemente se sente isolado e desconectado em sua vida real.

O desafio da conexão real

Lucas relata que, embora possa compartilhar e interagir com amigos on-line com facilidade, ele se sente ansioso e incerto durante as interações face a face. Ele percebe uma disparidade entre a facilidade de comunicação on-line e a complexidade das relações no mundo real.

Sua experiência é corroborada por estudos que sugerem que o uso excessivo de mídias sociais pode levar a um declínio nas habilidades sociais e na empatia entre os adolescentes.

Uma intervenção positiva

A preocupação de Lucas e de seus pais com essa questão os levou a buscar soluções. Lucas participou de um programa especializado, focado em ajudar adolescentes a desenvolverem melhores habilidades de comunicação e empatia. O programa, que combinava atividades práticas de inteligência emocional, discussões em grupo e sessões de *mindfulness*, ofereceu a Lucas as ferramentas para melhorar suas habilidades interpessoais.

Resultados e reflexões

Após o programa, Lucas notou uma melhora significativa na sua capacidade de interagir com os outros. Ele se sentiu mais confiante em situações sociais e começou a desenvolver amizades mais profundas e significativas. Essa transformação positiva na vida de Lucas destaca o potencial de intervenções focadas em desenvolver a empatia e as habilidades sociais em uma era cada vez mais digital.

A história de Lucas ilustra não apenas os desafios enfrentados pelos jovens na era digital, mas também o potencial para mudanças positivas. Ela ressalta a importância de reconhecer e abordar o impacto da tecnologia nas habilidades sociais e emocionais dos jovens.

Rumo à recuperação da empatia

Esse declínio não é um destino inexorável. A recuperação começa com o reconhecimento das falhas em nossos sistemas atuais e a reafirmação do valor da empatia. Iniciativas como integrar a educação socioemocional nas escolas, promover interações humanas autênticas e usar a tecnologia conscientemente podem ser passos significativos na direção certa.

A história da empatia no século XXI é uma narrativa complexa, entrelaçada com a modernidade, tecnologia e mudança social. Enquanto enfrentamos os desafios de um mundo em constante evolução, a empatia permanece como um farol de esperança, guiando-nos em direção a um futuro mais conectado e compreensivo. Ao reacender essa chama empática dentro de cada um de nós, podemos dar vida a uma sociedade em que a compreensão, a conexão e o cuidado mútuo são mais do que ideais distantes – são realidades palpáveis e vivas.

A conexão perdida: desvendando o impacto do poder na empatia

Em um mundo onde o poder e a influência são frequentemente celebrados, um fenômeno menos discutido, mas profundamente significativo, vem ganhando atenção: o impacto do poder na empatia. O poder é uma força transformadora, capaz de alterar não apenas as dinâmicas sociais, mas também o funcionamento interno do nosso cérebro. Há várias pesquisas que demonstram que o aumento do poder pode afetar a nossa capacidade de compreender e compartilhar as emoções dos outros.

O fenômeno do poder e a empatia

Um estudo da Universidade de Toronto (Gruenfeld *et al.*, 2008) revelou que indivíduos em posição de poder muitas vezes exibem uma diminuição na empatia. Esse fenômeno foi observado em várias situações, desde líderes corporativos até políticos.

Hogeveen *et al.* desvendaram um aspecto intrigante do poder: sua capacidade de alterar as respostas neurais a estímulos sociais. Em sua pesquisa, eles observaram que indivíduos em posição de poder exibiam respostas cerebrais diferentes quando expostos a informações sobre outras pessoas.

Em um experimento inovador, os pesquisadores pediram a participantes que assumissem posições de alto e baixo poder e, em seguida, mediram suas respostas neurais a imagens e histórias envolvendo outras pessoas. Os resultados mostraram que aqueles em posição de alto poder apresentavam menor ativação em áreas do cérebro tipicamente associadas à empatia e ao processamento social.

Histórias reais: desafios empáticos na liderança

A experiência da Kronberg ecoa esses achados científicos. Ao longo de mais de vinte anos trabalhando com líderes nos Estados Unidos, Europa e América Latina, incluindo o Brasil, a Kronberg coletou inúmeras histórias de clientes que relataram uma mudança gradual em sua capacidade de se conectar empaticamente com colaboradores e colegas após promoções. Esses relatos reforçam a ideia de que o aumento do poder pode, de fato, impactar a empatia.

Compreendendo as raízes do problema

Pesquisadores da Universidade da Califórnia em Berkeley (Hogeveen *et al.*, 2013) descobriram que o poder pode alterar a forma como processamos as informações sociais e emocionais. Isso ocorre porque o poder tende a promover um estilo de pensamento mais abstrato e desvinculado das experiências e emoções pessoais.

O poder e a empatia nas organizações

Um estudo conduzido pela Harvard Business School (2016) mostrou que os líderes empresariais com altos níveis de poder muitas vezes enfrentam desafios para manter uma liderança empática. O estudo apontou para a necessidade de treinamentos específicos focados na empatia para líderes em posição de poder.

Estratégias para reverter o efeito

Diante do reconhecimento do desafio que o poder impõe à empatia, diversas organizações têm implementado programas específicos para desenvolver essa habilidade crucial em seus líderes. Várias universidades incorporaram módulos dedicados que ressaltam a importância vital da empatia e da inteligência emocional. Esses módulos são projetados para equipar os líderes com as ferramentas necessárias para entender e responder eficazmente às necessidades emocionais de suas equipes, reforçando assim a conexão humana no ambiente corporativo.

Além disso, inúmeras empresas multinacionais atuantes no Brasil, bem como organizações brasileiras, que são clientes da Kronberg, têm reconhecido a importância crescente da inteligência emocional e psicossocial. Elas entendem que esse conjunto de competências é essencial para navegar com sucesso pelos desafios contemporâneos e futuros do mundo dos negócios. Essas empresas estão investindo em programas de desenvolvimento que colocam a empatia e a inteligência emocional no centro da formação de liderança, preparando seus líderes para um ambiente de trabalho cada vez mais dinâmico e humanizado.

O estudo do impacto do poder na empatia é vital para entender como podemos nutrir líderes mais conscientes e empáticos. Ao integrar a empatia em nossas estruturas de poder, podemos promover um ambiente mais equilibrado, humano e produtivo, sem comprometer a saúde mental e relacionamentos sociais da força de trabalho, assim como em todos os níveis da sociedade.

Empatia: além do julgamento – a arte da curiosidade empática

Fluindo dessa compreensão tridimensional da empatia e dos mais recentes estudos sobre o impacto do poder nessa competência de crucial importância para a vida, e seguindo para o próximo estágio de nossa jornada de crescimento, nos deparamos com o desafio de substituir julgamento por curiosidade. Esse passo não é apenas uma mudança de atitude, mas uma evolução na maneira como interagimos e lideramos.

A liderança é uma jornada de autoconhecimento e transformação contínua. Um aspecto crucial dessa jornada é a transição de um estilo de liderança que limita e restringe para um que inspira e expande tanto a si próprios quanto as suas equipes.

O líder julgador

O líder julgador é marcado por uma mentalidade em que o ego domina, frequentemente se comparando com outros para se autoafirmar ou se diminuir. Esses líderes tendem a operar sob um *mindset* fixo, relutantes em explorar novos caminhos ou abordagens, e muitas vezes se prendem a uma forma habitual e rígida de trabalhar. Ouvem mais, com o objetivo de responder do que de entender, mas não escutam, negligenciando a validação das ideias e contribuições alheias.

Impacto organizacional

Esse estilo de liderança diminui o potencial das pessoas, drena a inteligência coletiva e a capacidade de inovação. Liz Wiseman, em sua obra *Multipliers*, descreve esses líderes como assassinos de ideias e destruidores de energia. Eles tendem a monopolizar o pensamento crítico e a tomar decisões sem a participação mais ampla da equipe.

A transição para a curiosidade

A transição do julgamento para a curiosidade exige uma mudança fundamental na mentalidade de um líder. Líderes curiosos estão abertos às possibilidades, mesmo sem um entendimento lógico claro dos passos a serem seguidos. Eles valorizam diferentes perspectivas e estão constantemente em busca de novas ideias e abordagens.

Práticas de liderança curiosa

1. **Abertura ao desconhecido:** líderes curiosos acolhem a ambiguidade e a incerteza como oportunidades para explorar e inovar.

2. **Valorização das perguntas:** eles compreendem a importância de fazer perguntas e de dar espaço para que outros considerem, reflitam e respondam. O silêncio é visto como uma porta para a sabedoria.

3. **Confiança na competência dos outros:** em vez de se impor como a fonte única de conhecimento ou direção, líderes curiosos confiam na competência de suas equipes e buscam desenvolvê-las, entendendo que isso pode significar, eventualmente, que esses membros da equipe possam até mesmo ultrapassá-los.

Práticas adicionais de empatia

Faça a você as seguintes perguntas quando estiver interagindo com outras pessoas e pratique os seguintes exercícios:

- Quando ouço, estou realmente prestando atenção ao que a outra pessoa está dizendo? Ou perco a concentração, ou penso no que vou dizer? Estou olhando para ela ou continuo digitando e fingindo que presto atenção?

- Presto atenção à linguagem verbal (tom de voz, ritmo) e não verbal (gestos das mãos, cabeça, direção do olhar, do corpo) para identificar o que realmente está sendo dito?

- Leio a mente das pessoas e assumo várias premissas (corretas ou incorretas)?

- Faço perguntas para entender o que a pessoa está realmente dizendo, sentindo ou precisando?

- Dou *feedback* – verbal ou não verbal –, de forma que as pessoas saibam que estou ouvindo com interesse, por exemplo, balançando a cabeça para cima e para baixo, fazendo perguntas, fazendo a verificação para saber se entendi corretamente?

- Quem é meu colega ou colaborador que mais me desafia? Esta semana vou "calçar os sapatos" dele e tentar entender como é ser ele.

- Tento sempre ver o que as pessoas têm de melhor? Dou a interpretação mais generosa para as intenções de outras pessoas?

- No seu mapeamento de emoções (explorado na área de autoconhecimento), na medida em que escreve sobre suas emoções e experiências, concentre-se na sua habilidade de suspender julgamentos, de dar o benefício da dúvida para seus interlocutores.

- Observe ainda quão genuínos têm sido sua curiosidade e interesse nas emoções dos outros. Tente escrever as emoções que as pessoas de sua interação diária devem ter experimentado nos eventos que vivenciaram. Você conseguiu, além de identificar os pensamentos e emoções delas, demonstrar cuidado empático?

- Na medida em que identifica e descreve as emoções das pessoas, tente buscar experiências similares que teve e que emoções vieram à tona, que sensações físicas experimentou.

- Peça *feedback* de pessoas próximas, em quem confia sobre como está demonstrando empatia no seu cotidiano.

Exemplo real de empatia (1)

Stephen Covey, em um de seus cursos, contou uma triste, mas impactante história para ilustrar o que é empatia e sua importância. Stephen estava no metrô de Nova Iorque, em um domingo de manhã. Havia poucas pessoas no vagão que ocupava. Enquanto estava concentrado lendo seu jornal, um senhor adentra o mesmo vagão com seus dois filhos, que começam a correr pelo corredor e a bater no jornal de Stephen. Stephen, sobressaltado, olha para o pai que está totalmente alheio ao mau comportamento dos filhos. Stephen tenta retornar para sua leitura, mas os meninos continuam correndo e batendo no seu jornal.

Após alguns minutos de frustração, Stephen se levanta e vai até o pai, que permanecia cabisbaixo, e diz: "Não sei se o senhor notou, mas seus filhos estão correndo, batendo no meu jornal e importunando as pessoas do vagão". O pai então levanta a cabeça e responde: "Desculpe-me, passamos a noite no hospital, minha esposa e mãe deles faleceu nesta madrugada e estou aqui pensando como lhes dar a notícia".

Essa história contém muitas lições

- Como fica a necessidade de Stephen de ler o jornal perante o drama desse pai e filhos?

- Devemos conjeturar sempre que nossos interlocutores podem ter razões justificáveis para se comportarem de forma distinta de nossa expectativa. Como nesse caso.

- Ter empatia não significa concordar com o comportamento das pessoas. Exemplo: se a resposta do pai ao Stephen tivesse sido: "Não enche a paciência!", a resposta de Stephen deveria ter sido: "O senhor é um mal-educado e está criando filhos mal-educados! Passar bem!". E mudaria de vagão.

Exemplo real de empatia (2):

O CEO de uma empresa cliente na área de engenharia, após um ano deliberando sobre a contratação de um treinamento de inteligência emocional da Kronberg, fez, assim como todos os seus diretores, o *assessment* de IE e constatou que seu autoconhecimento e empatia eram pontos de oportunidade para desenvolvimento. Não notava que tinha um viés negativo muito exacerbado, só tentava encontrar erros nas apresentações e relatórios dos membros de seu time, criticava, mas nunca parabenizava ninguém nem comemorava as vitórias e avanços de sua organização.

Após os treinamentos e *debrief* de seus resultados de IE, passou por profundas reflexões. Demonstrou coragem e humildade para reconhecer que nunca tinha dado atenção à importância do lado humano e saudável das organizações. Era cobrado por resultados trimestrais, era pago para isso e achava que sendo severo nas cobranças atingiria as metas. "A cultura da empresa é assim, aprendi assim e dessa forma me comportava."

A partir do mapeamento de emoções, notou que o impacto causado por seu comportamento não produzia os melhores resultados para ele, para sua equipe e até mesmo para sua família. E quando produzia, era a um alto custo emocional e físico para todos os envolvidos.

O estresse na equipe era alto, o grau de reatividade dos membros do time era enorme e constante. A reclamação pelos corredores sobre seu comportamento se alastrava, mas ele não percebia, até que fortaleceu seu autoconhecimento e empatia para notar as nuances emocionais no ambiente de trabalho.

A partir desse momento, quando começa a notar e entender por meio da empatia a necessidade dos outros, o impacto que suas emoções e comportamentos tinham na equipe, sua influência aumentou, o espírito de equipe passou a ser outro, mais leve, colaborativo e produtivo. Sua comunicação ficou mais humana e eficaz, sua habilidade para enxergar as intenções e os esforços de comunicação de seus colaboradores promoveu um outro clima na sua organização.

A média liderança, subordinada aos diretores desse CEO, também sentiram a mudança no comportamento de seus respectivos líderes. O efeito em cascata da mudança do CEO foi impressionante!

Do julgamento à descoberta do propósito individual

Ao concluirmos nossa exploração sobre a transição do julgamento para a curiosidade nas práticas de liderança, nos deparamos com um território ainda mais profundo e pessoal: a jornada em direção ao propósito individual. Se a curiosidade nos abre as portas para compreender e valorizar as perspectivas alheias, é o propósito individual que nos guia para descobrir e abraçar nossas próprias paixões e motivações.

No próximo capítulo, mergulharemos na essência do que nos move individualmente, explorando como o alinhamento de dois fatores – a razão de fazemos o que fazemos e o propósito da organização – pode criar líderes mais autênticos, inspiradores, adaptativos, motivados e eficazes.

10

O vazio existencial na sociedade contemporânea e a importância do propósito

Na sociedade contemporânea, nos deparamos com um "vácuo existencial", termo cunhado por Viktor E. Frankl, que descreve a sensação de total e definitiva falta de sentido em nossas vidas. Esse vácuo é amplamente alimentado pela constante busca por prazer e satisfação imediata, contribuindo para uma desconexão das pessoas com o que as rodeia, levando-as a questionar o valor da vida.

O vazio existencial é exacerbado por diversos fatores, como o consumismo desenfreado, a prevalência das mídias sociais e a cultura da celebridade, que reforçam uma comparação constante com os outros e alimentam a insatisfação. A mídia tradicional, com seu foco em notícias negativas, também contribui para esse cenário, reforçando um sentimento de desesperança e desilusão.

No pilar da consciência social encontra-se a essencialidade do propósito individual, a oitava competência emocional na metodologia da Kronberg. Esse elemento vital não é apenas um guia para comportamentos e objetivos, mas também um alicerce crucial para a saúde emocional e mental. Nesse contexto de vazio existencial crescente, o propósito se apresenta como uma resposta científica e essencial para preencher esse vácuo.

O propósito na metodologia da Kronberg de inteligência emocional é baseado na logoterapia de Viktor Frankl e em estudos da neurobiologia, que comparam pessoas com propósito a pessoas sem um propósito na vida.

Viktor Frankl

Viktor Emil Frankl (1905-1997), psiquiatra austríaco e sobrevivente do Holocausto, entrou nos campos de concentração nazistas com as ideias fundamentais da logoterapia já formadas, uma teoria que ele havia começado a desenvolver antes da guerra. Ele havia trabalhado em sua monografia sobre o tema, que infelizmente foi destruída quando ele foi deportado para Auschwitz, um ato que simboliza a brutalidade e a anulação da identidade e dignidade humanas impostas pelos nazistas.

A experiência pessoal de Frankl nos campos de concentração não apenas testou suas teorias prévias sobre a busca humana por significado, mas também as aprofundou. Ele observou que, mesmo sob as condições mais desumanas, aqueles que conseguiam encontrar um propósito ou significado para suas vidas eram mais resilientes ao sofrimento extremo. Essa observação viria a ser um alicerce da logoterapia, que Frankl detalhou em sua influente obra *Em busca de sentido*, conhecida originalmente pelo título alemão *Trotzdem ja zum leben sagen* ("Dizendo sim para a vida, apesar de tudo").

Penso que o título original da obra de Viktor Frankl ressoa com uma potência particularmente mais intensa, encapsulando diretamente a poderosa mensagem do autor: mesmo sob as mais atrozes condições – como as que ele próprio enfrentou, com probabilidades esmagadoras contra a sobrevivência, e cercado pela perda de seus entes queridos, enviados a campos de concentração distintos – o espírito humano ainda é capaz de se agarrar a um propósito de vida. Esse título enfatiza a capacidade do indivíduo de afirmar a vida, encontrando significado até mesmo quando confrontado com os mais profundos e inimagináveis sofrimentos.

A logoterapia se baseia na crença de que a vontade de significado é a motivação primária do ser humano e que a capacidade de encontrar significado em qualquer situação é o que nos permite não apenas sobreviver, mas também prosperar.

Viktor Frankl cunhou o termo "vontade de significado" (em alemão: *wille zum sinn*) para descrever a principal força motriz que ele acreditava impulsionar os seres humanos. Para Frankl, não era simplesmente uma "necessidade" passiva de encontrar significado, mas uma busca ativa e dinâmica, uma vontade intrínseca que nos leva a procurar sentido e propósito em nossas vidas.

Segundo Frankl, a vontade de significado é uma força fundamental, tão essencial para os seres humanos quanto a vontade de poder de Adler ou a vontade de prazer de Freud. No contexto da logoterapia, a vontade de significado é o desejo de encontrar razões coerentes e significativas para a nossa existência, e é considerada uma característica definidora da humanidade.

Portanto, quando falamos sobre a vontade de significado de Frankl, estamos nos referindo a uma busca ativa que cada pessoa empreende para descobrir e realizar o que ela pessoalmente julga significativo, uma força que é central para a saúde psicológica e bem-estar.

Logoterapia em maiores detalhes

A logoterapia, desenvolvida por Viktor Frankl, é uma abordagem psicoterapêutica que coloca a busca de significado na vida como a força motriz central do ser humano. Ela se baseia na premissa de que a vontade inerente de encontrar significado é a principal motivação para viver e agir. Aqui estão os fundamentos dessa teoria, especialmente em relação à construção e descoberta de um propósito bem definido:

1. **Vontade de significado**
   - A logoterapia parte do princípio de que a principal motivação do ser humano não é o prazer (como afirmava Freud) ou o poder (como sugerido por Adler), mas sim o encontro de um significado na vida.

- O objetivo é ajudar as pessoas a perceberem a importância de perseguir o que é significativo para elas, mesmo diante das adversidades.

2. Liberdade de vontade

- A logoterapia enfatiza a liberdade de escolha do indivíduo. Frankl acreditava que, independentemente das circunstâncias, todos têm a liberdade e a responsabilidade de escolher como reagir e atribuir significado às suas experiências.
- Essa liberdade é a base para a descoberta do propósito, pois permite que as pessoas escolham seu caminho em resposta às situações de vida.

3. Sentido da vida

- Frankl defendia que a vida tem potencial de significado sob quaisquer condições, mesmo as mais miseráveis e desesperadoras.
- Isso se relaciona com a ideia de que um propósito bem construído pode ser encontrado mesmo nas dificuldades, quando a luta pelo significado se torna uma oportunidade para o crescimento pessoal.

4. Sofrimento e transcendência

- O sofrimento não é algo que deve ser procurado, mas, quando inevitável, pode ser transformado em uma conquista humana se o indivíduo encontrar um significado para ele.
- Um propósito bem construído e descoberto muitas vezes surge da capacidade de transcendência, em que o indivíduo encontra sentido ao se voltar para algo ou alguém além de si mesmo.

5. Autotranscendência

- Ao contrário do autoconceito que foca o eu, a logoterapia sugere que a verdadeira realização se encontra na autotranscendência – em direcionar o foco para fora de si mesmo.

- Um propósito bem construído geralmente envolve metas ou atividades que transcendem o interesse próprio, como a dedicação a uma causa ou o cuidado com os outros.

6. Descoberta de sentido

- Em vez de inventar seu propósito, a logoterapia sugere que cada pessoa deve descobrir e construir o significado de sua vida, que pode mudar ao longo do tempo.

- A busca por um propósito bem construído é, portanto, um processo dinâmico e pessoal, influenciado pelas circunstâncias únicas de cada vida.

7. Desafio existencial

- A logoterapia propõe que enfrentar os desafios existenciais é essencial para encontrar significado.

- Um propósito significativo é frequentemente descoberto quando uma pessoa se engaja ativamente com os dilemas e as questões fundamentais da própria existência.

A logoterapia é, por conseguinte, tanto uma teoria psicológica quanto uma prática terapêutica que oferece às pessoas uma orientação sobre como lidar com a angústia e vazio existencial e como viver uma vida com propósito e significado. O propósito bem construído não é apenas um conceito abstrato, mas uma força concreta que guia as decisões e ações, proporcionando direção e satisfação na jornada da vida.

O vazio existencial e os transtornos mentais

A análise da relação entre o vazio existencial e o aumento de transtornos mentais, incluindo o suicídio, aponta para uma interconexão profunda entre a busca por significado e bem-estar mental.

A revista *Frontiers* aborda a síndrome de *burnout* dentro do conceito de logoterapia formulado por Viktor Frankl, que a define como uma aflição gerada pela perda de significado existencial. A noção de vácuo existencial é central para entender a saúde mental sob a ótica de Frankl, relacionando-a com a perda de interesse pela vida e a falta de iniciativa e proatividade, levando a sentimentos profundos de falta de sentido.

Esses sintomas assemelham-se às fases posteriores no desenvolvimento da síndrome de *burnout,* sugerindo que o *burnout* pode ser visto como uma manifestação do vácuo existencial.

As fases posteriores no desenvolvimento da síndrome de *burnout* referem-se aos estágios avançados do processo pelo qual uma pessoa se torna cada vez mais afetada por essa condição. A síndrome de *burnout* é tipicamente caracterizada por três estágios de desenvolvimento:

1. **Exaustão:** quando a pessoa começa a se sentir cansada e drenada de energia, geralmente o primeiro sinal de alerta de *burnout.*

2. **Ceticismo e desconexão:** neste ponto, a pessoa pode começar a se distanciar emocionalmente do trabalho e dos colegas, e pode desenvolver uma atitude negativa ou cínica em relação às suas tarefas.

3. **Ineficácia:** no estágio final, a pessoa sente que não está conseguindo realizar nada e pode experimentar uma queda no desempenho profissional. Este é o ponto em que os sentimentos de incompetência e falta de realização são mais evidentes.

Os sintomas das fases posteriores referem-se a sentimentos de vazio, perda de interesse e falta de iniciativa, que são mais pronunciados e intensificados conforme a síndrome de *burnout* progride. A pessoa se sente exausta não apenas fisicamente, mas também psicologicamente esgotada e sem um sentido de propósito ou significado no trabalho que está realizando. Esse estado avançado de *burnout* ressoa fortemente com o conceito de vácuo existencial descrito por Viktor Frankl, que implica uma perda profunda de significado e uma sensação de futilidade nas atividades diárias.

Um artigo na revista *Psychology Today* destaca que o desafio de encontrar significado é crucial para o bem-estar, especialmente entre os jovens, que estão cada vez mais enfrentando um vácuo existencial. A publicação ressalta que o sentimento de interconexão, serviço e pertencimento espiritual confere significado às nossas vidas e que a percepção de estarmos conectados e interdependentes é fundamental para a saúde mental.

"Serviço" refere-se a um compromisso ou contribuição altruísta para o bem-estar dos outros e da comunidade. Não é simplesmente a ação de servir no sentido utilitário, mas um conceito mais profundo de doar-se e envolver-se em atividades que beneficiem outras pessoas e a sociedade como um todo.

Serviço, nesse sentido, é uma via de mão dupla: ao ajudar os outros, também encontramos significado e propósito em nossas próprias vidas. Esse engajamento em algo maior que nós mesmos pode ser uma fonte de satisfação pessoal e pode nos ajudar a sentir que estamos fazendo parte de algo significativo. Pode ser uma atividade voluntária, uma carreira dedicada ao serviço público ou mesmo pequenos atos diários de bondade e apoio aos que nos rodeiam.

A ideia é que, por meio do serviço, fortalecemos nossa conexão com a comunidade e cultivamos um sentido de pertencimento. Isso é fundamental para nosso bem-estar espiritual e psicológico, pois nos ajuda a sentir que nossas ações têm um impacto positivo e que estamos contribuindo para um bem maior. Isso nos dá uma sensação de propósito e pode ser especialmente poderoso nos momentos em que podemos nos sentir isolados ou questionando o significado de nossas próprias vidas.

Por outro lado, a ilusão de separação, vista como uma desconexão de outros e do mundo, contribui significativamente para o sofrimento e a falta de sentido, que pode levar a transtornos como ansiedade e depressão.

Essas pesquisas demonstram que a sensação de vazio existencial está intimamente ligada a uma variedade de transtornos mentais e comportamentos suicidas. A busca por um significado mais profundo e um sentido de conexão parece ser um componente essencial na prevenção e no tratamento desses transtornos.

Diferença entre significado e propósito

Significado e propósito são conceitos inter-relacionados, mas distintos dentro da psicologia positiva e da pesquisa sobre bem--estar. *Significado* refere-se à percepção de que a própria vida tem significância, coerência e valor, conectando-se a algo maior do que o si mesmo. *Propósito*, por outro lado, é uma intenção ou objetivo orientado para o futuro que motiva a ação.

Enquanto o significado olha para trás e ao redor, integrando experiências passadas e presentes num todo coerente, o propósito olha para a frente, direcionando comportamentos e dando motivação. Estudos indicam que ambos contribuem para o bem--estar e a saúde mental, mas operam em dimensões ligeiramente diferentes da experiência humana.

Um *propósito individual* bem construído e descoberto atua como um mecanismo prático por meio do qual as pessoas encontram significado para sua existência. Ter um propósito claro pode fornecer uma direção e um sentido de realização, o que, por sua vez, pode contribuir para a percepção de que a vida é significativa. Esse entendimento está alinhado com as teorias da psicologia positiva, que sugerem que o propósito é um componente crucial para viver uma vida plena e significativa.

O propósito como antídoto ao vazio existencial e transtornos mentais

Segundo Viktor Frankl, no livro *Em busca de sentido*, o propósito da vida transcende a busca pela felicidade e supremacia, alinhando-se mais à utilidade, honra, compaixão e à realização de viver bem. Frankl, como vimos, sustentava que a principal motivação humana é a busca por um significado existencial. Ele enfatizava a liberdade humana de escolher a resposta mesmo nas situações mais calamitosas, ressaltando que o aumento do vácuo existencial na humanidade realça a importância de encontrar um propósito.

A metodologia da Kronberg mensura e auxilia as pessoas a detectarem seu propósito, considerando-o como a conscientização que permite focar o que é verdadeiramente importante para a vida. Uma vez encontrado esse significado, experimenta-se uma onda de energia, fornecendo uma referência para orientar decisões significativas e cotidianas.

Frankl argumentava que um propósito bem construído envolve nossos relacionamentos, sonhos, visão de futuro, valores, compromissos, aspirações e sentimentos, indo além de um mero exercício intelectual.

Friedrich Nietzsche resumiu essa ideia ao dizer: "Quem tem um porquê para viver pode suportar praticamente qualquer como". Isso reflete o benefício pragmático do propósito, que se torna uma competência emocional indispensável, especialmente para líderes que buscam inspirar e atrair talentos para suas organizações.

Gestores movidos apenas pelo ego, carreira e *status* raramente conquistam seguidores genuínos. Em contrapartida, líderes com um propósito claro inspiram engajamento e dedicação entre os colaboradores.

A neurobiologia e o propósito

A neurobiologia oferece uma sólida base científica que complementa a abordagem da logoterapia de Viktor Frankl na construção e descoberta do propósito individual. Pesquisas conduzidas por Majid Fotuhi e Sara Mehr demonstram que indivíduos com forte senso de propósito de vida podem experimentar uma redução significativa, de até 50%, no declínio cognitivo associado à idade. Especificamente, aqueles que possuem um alto senso de propósito apresentam uma probabilidade 2,4 vezes menor de desenvolver a doença de Alzheimer em comparação com aqueles que têm um senso de propósito mais baixo.

Além disso, ter um propósito de vida está correlacionado a uma diminuição de 22% no risco de derrames, bem como a uma recuperação cognitiva mais eficaz após um acidente vascular cerebral.

Esses dados concretos fortalecem a argumentação de que a neurobiologia, em harmonia com os princípios da logoterapia, desempenha um papel crucial na metodologia da Kronberg para o desenvolvimento de um propósito de vida bem estabelecido, trazendo benefícios comprovados para a saúde mental e física.

A neurobiologia nos ensina que nossos cérebros são maleáveis e influenciados pela experiência, destacando que o envolvimento em atividades significativas pode desencadear mudanças cerebrais positivas. Por exemplo, o engajamento cívico, uma expressão de propósito, demonstrou estar associado a um melhor funcionamento cognitivo e até mesmo a um aumento no volume do hipocampo. Isso sugere que quando as pessoas encontram e se dedicam a propósitos que têm significado para elas, podem ocorrer mudanças neuroplásticas que sustentam a função cognitiva e promovem o bem-estar emocional.

A abordagem da Kronberg integra a compreensão da neurobiologia com os princípios da logoterapia, auxiliando os indivíduos a construírem e descobrirem propósitos que não apenas são gratificantes psicologicamente, mas também trazem benefícios neurobiológicos, proporcionando uma estrutura abrangente para o desenvolvimento pessoal e para a saúde mental.

11

A metodologia Kronberg para a construção e descoberta do propósito de vida

A metodologia Kronberg concentra-se em uma reflexão profunda sobre o legado pessoal e profissional que uma pessoa deseja deixar, empregando uma abordagem introspectiva para ajudá-la a identificar e construir seus propósitos individuais.

FASE 1: Reflexão sobre o legado profissional

Passo I-a:

- **Visualização da festa de aposentadoria:** imagine-se em sua festa de aposentadoria e considere o que gostaria de ouvir dos seus colegas, líderes e colaboradores. Que tipo de legado você deseja deixar em seu domínio profissional?

- **Listagem de atributos:** enumere vários atributos (idealmente de 7 a 10) que gostaria que fossem reconhecidos em seu domínio profissional, tais como liderança, inovação, empatia, bondade, amizade, integridade, entre outros.

Passo I-b:

- **Reflexão sobre a importância pessoal:** reflita sobre sua importância para pessoas próximas, como família, amigos e comunidade. Por que você é importante para eles? Qual impacto você tem ou deseja ter em suas vidas?

FASE 2: Reflexão sobre o legado pessoal

Passo II-a:

- **Visualização da festa de 100 anos:** imagine-se em sua festa de 100 anos. O que gostaria de ouvir das pessoas mais queridas em sua vida? Que tipo de legado deseja deixar nos domínios íntimo, familiar e social?

- **Listagem de atributos:** liste vários atributos (idealmente de 7 a 10) que gostaria de ver reconhecidos nesses domínios, como amor, generosidade, sabedoria, cuidado, apoio, entre outros.

Passo II-b:

- **Reflexão sobre ausência:** imagine-se em um ano sabático fora do país. Pergunte-se: do que as pessoas sentirão falta em sua ausência?

FASE 3: Identificação de atributos comuns e declaração de propósito

- **Identificação de atributos comuns:** destaque os adjetivos, atributos e qualidades que são comuns nos dois cenários (profissional e pessoal).

- **Leitura e seleção:** após destacar, leia em voz alta os atributos e sublinhe aqueles que mais chamam sua atenção.

FASE 4: Expressão criativa do propósito

Após identificar os atributos comuns entre os domínios profissional e pessoal, a metodologia entra em uma fase de expressão criativa. Não há uma fórmula única ou um caminho definido. O importante é que a expressão escolhida reflita verdadeiramente a essência da pessoa, seus relacionamentos mais íntimos, sonhos, metas, valores, forças de caráter e visão de futuro. Algumas sugestões:

- **Conjunto de frases:** crie uma série de frases ou afirmações que resumam os atributos e valores identificados.

- **Colagem de fotos:** utilize imagens e fotografias para representar diferentes aspectos do propósito de vida.

- **Poema:** expressão literária e artística do propósito, explorando a liberdade criativa e a emoção.

- **Outras formas artísticas:** pintura, música, diário gráfico ou qualquer outra forma de arte que melhor represente o propósito.

FASE 5: Avaliação da declaração de propósito

Submeta a declaração de propósito aos critérios de um propósito bem construído (baseados na logoterapia de Viktor Frankl).

1. **Transcende o ego:** o desejo de significado deve ser a motivação principal, colocando de lado o ego e o *status*.

2. **Promove bem-estar:** facilita a capacidade de viver o momento, promovendo um maior significado na vida, compaixão, excelência moral, felicidade eudaimônica e resiliência.

3. **Fortalece a autonomia e a autenticidade:** coloca a responsabilidade e benefícios da liberdade de escolha no indivíduo.

FASE 6: Avaliação da declaração de propósito

- **Reflexão pessoal:** reflita sobre a criação e avalie se ela captura sua essência, sonhos, valores e visão.

- *Feedback* **de pessoas próximas:** obtenha *feedback* de pessoas próximas para garantir que a expressão do propósito ressoe verdadeiramente com quem você realmente é.

OBSERVAÇÃO IMPORTANTE: o processo de descoberta e construção do propósito como uma jornada de autodescoberta

Ao iniciar esta jornada de descoberta e construção do propósito de vida, é crucial que a pessoa mantenha uma perspectiva saudável e paciente. É fundamental ressaltar:

- **Evite pressão por resultados imediatos:** não espere alcançar uma declaração definitiva de propósito logo na primeira tentativa. Esse processo é complexo e diversificado, podendo exigir várias tentativas e revisões.

- **Encare como uma jornada, não uma tarefa:** a descoberta do propósito de vida deve ser encarada como uma jornada fascinante de autodescoberta, não como uma tarefa com um fim definido. Cada passo, reflexão e expressão criativa são partes importantes dessa jornada.

- **Foco no processo, não apenas no destino:** o valor está tanto no processo de exploração e descoberta quanto na declaração final do propósito. Cada momento de introspecção e criatividade contribui para um entendimento mais profundo de si mesmo.

- **Evite a ansiedade pelo propósito:** é fundamental evitar a ansiedade e a pressa em definir um propósito. A ansiedade pode obscurecer a clareza e a sinceridade necessárias para uma verdadeira autodescoberta.

- **Abertura para mudanças e crescimento:** reconheça que o propósito de vida pode evoluir com o tempo. À medida que você cresce e experimenta novas coisas, suas percepções, valores e objetivos podem mudar.

Essa abordagem flexível e criativa permite que cada indivíduo explore e expresse seu propósito de vida de uma maneira mais significativa e autêntica para si mesmo. Em vez de se limitar a um formato predefinido, a metodologia incentiva a exploração pessoal e a expressão criativa, garantindo que a declaração de propósito seja um verdadeiro reflexo do indivíduo.

A descoberta e construção do propósito de vida é um caminho contínuo de crescimento e compreensão. Deve ser abordado com curiosidade, paciência e abertura, permitindo que a pessoa explore livremente as muitas facetas de sua identidade e aspirações. Essa jornada é uma oportunidade para moldar um futuro pleno de possibilidades, prosperidade e serenidade existencial.

Exemplo real de propósito(1): há muitos casos em que o propósito de vida resultou do sofrimento próprio e de outras pessoas

Com a autorização do amigo e ex-colega da World Trade Centers Association, gostaria de compartilhar um exemplo emocionante de como um sofrimento incalculável pode ser transformado em um nobre propósito de vida.

O Onze de Setembro foi um momento dramático que mudou nossa visão do mundo, assim como a covid-19 está transformando nossa realidade. Na época, eu era diretor-geral do World Trade Center São Paulo, e um grande amigo meu, Herb Ouida, falecido em 2022, que era diretor-geral do World Trade Center de Nova Iorque, perdeu seu filho, Todd Ouida, nos ataques às Torres Gêmeas. Ambos trabalhavam na Torre Sul, em andares diferentes, quando o voo 175 da United Airlines atingiu o prédio. Herb sobreviveu, mas infelizmente Todd perdeu a vida.

Herb e Andrea Ouida criaram uma fundação para celebrar a vida de Todd e deixar um legado significativo para a sociedade. Deram o nome do filho à fundação, Todd Ouida's Children Foundation, que tem como objetivo oferecer apoio financeiro e serviços psicológicos para crianças de famílias menos favorecidas financeiramente, além de promover iniciativas de saúde mental para todas as crianças.

A Fundação Todd Ouida[8] tem como missão aumentar a consciência e reduzir o estigma das desordens de ansiedade e depressão em crianças, reconhecendo a necessidade de intervenção precoce.

---

8 http://www.mybuddytodd.org

A iniciativa de Herb e Andrea traz esperança para inúmeras crianças, que já foram beneficiadas com mais de US$ 1,5 milhão arrecadados e distribuídos como donativos para várias instituições que oferecem serviços psicológicos para crianças. Para Herb, Andrea e sua família, esse propósito de vida os ajudou e continua ajudando a lidar com o indescritível e inimaginável sofrimento de perder um filho.

Exemplo real de propósito (2): preste atenção ao que as pessoas valorizam e apreciam em você

Tenho uma cliente que é muito bem-sucedida tanto profissional quanto financeiramente, porém seu resultado na competência "propósito", medida pelo *assessment* de inteligência emocional, estava bastante baixo. Durante nossas conversas, ela confessou que nunca havia considerado a importância do propósito de vida, nem possuía um entendimento conceitual sobre o assunto, conforme preconizado pela Kronberg. Sua motivação sempre foi alcançar sucesso na carreira, destacar-se na "C-Suite" como mulher e, agora que havia alcançado o cargo de CFO e uma situação financeira confortável, começou a sentir um vazio interior.

Em um momento de reflexão, perguntei-lhe: "Após se aposentar, você acredita que será lembrada por ter conquistado esse cargo como mulher e cumprido suas metas trimestrais, ou pelas vidas que tocou positivamente e ajudou a desenvolver?". Houve um silêncio profundo após essa pergunta. Percebi que ela havia sido profundamente tocada e, conhecendo sua seriedade no processo de *coaching,* imaginei que refletiria sobre isso em seu mapeamento diário e despertaria para a necessidade de encontrar um propósito de vida.

Na sessão seguinte, ela trouxe seu mapeamento diário e enfatizou a emoção e alegria que sentiu quando uma de suas diretoras a elogiou, dizendo que ela era um exemplo de pessoa e profissional em sua vida. Após parabenizá-la, perguntei se essa era a primeira vez que ela ouvia esse tipo de elogio, ou se estava mais receptiva a esse reconhecimento porque seu foco não era mais apenas o ego, o *status* e a carreira, mas sim o legado que desejava deixar.

A partir dessa percepção, minha cliente identificou seu propósito, e tenho certeza de que continuará impactando positivamente a vida de muitas pessoas. Ela deixará um legado que perdurará além de sua aposentadoria, proporcionando-lhe um sentimento de que está vivendo uma vida com significado e propósito. Não terá arrependimentos nem ressentimentos no futuro, quando estiver em uma fase mais contemplativa da vida.

12

O impacto da inteligência emocional nos fatores de sucesso na vida

Neste capítulo, exploramos como o *assessment* de inteligência emocional da metodologia da Kronberg, que avalia tanto as oito competências emocionais quanto os quatro principais fatores de sucesso, pode guiar indivíduos a uma vida de sucesso mais ampla e significativa. Ao contrário das definições convencionais de sucesso, focadas principalmente no crescimento da carreira e no patrimônio financeiro, adotamos uma visão holística. O sucesso, aqui, é visto em um contexto mais amplo e multifacetado, que endereça os principais fatores que definem uma vida com bem-estar, saúde, satisfação e conquistas, incluindo bem-estar, desempenho, relacionamentos interpessoais e qualidade de vida.

Os capítulos anteriores foram dedicados a explorar profundamente as oito competências emocionais, suas definições, importâncias e intervenções para o desenvolvimento. Agora, voltamos nossa atenção para a aplicação prática dessas competências na vida cotidiana, especificamente como elas impactam os quatro principais fatores de sucesso: bem-estar, desempenho, relacionamentos interpessoais e qualidade de vida.

Cada fator de sucesso reflete uma área vital da experiência humana e é influenciado de maneira significativa pelo desenvolvimento e aplicação das competências emocionais. Essas correlações entre as competências emocionais e fatores de sucesso têm sido demonstradas nos trabalhos de Salovey e Goleman, que expandiram esse conceito em seus trabalhos, destacando como a inteligência emocional influencia o desempenho no trabalho, liderança, relações interpessoais e bem-estar pessoal. Goleman identificou competências emocionais-chaves agrupadas em categorias, como autoconhecimento, autogestão, consciência social e habilidades de relacionamento, e demonstrou como elas são cruciais para o sucesso em diversas áreas da vida, não apenas no ambiente profissional, mas também em contextos pessoais e acadêmicos.

A pesquisa e a literatura de ambos, Salovey e Goleman, fornecem evidências robustas de que o desenvolvimento de competências emocionais está positivamente relacionado com melhores resultados na vida, incluindo maior bem-estar psicológico, melhor desempenho acadêmico e profissional, relações interpessoais mais satisfatórias e qualidade de vida aprimorada.

Entender essa relação não apenas esclarece o valor prático da inteligência emocional, mas também serve como motivação para investir no seu aprimoramento.

Explorando os fatores de sucesso

1. Bem-estar

- **Equilíbrio:** refere-se à capacidade de distribuir nossa energia, atenção e recursos emocionais de maneira saudável entre várias áreas da vida, como trabalho, família, *hobbies* e autocuidado. Um equilíbrio adequado promove estabilidade e satisfação, reduzindo o risco de esgotamento.

- **Saúde:** engloba a saúde física, mental e social, sendo fundamental para uma vida plena e produtiva. Ter uma boa saúde nos permite participar ativamente das comunidades, perseguir nossos objetivos e desfrutar de nossos relacionamentos.

Principais competências emocionais associadas ao bem-estar:

- **Ressignificar emoções:** capacidade de reinterpretar e encontrar aspectos positivos em situações e emoções adversas.

- **Motivação intrínseca:** impulso interno para perseguir objetivos por razões pessoalmente significativas.

- **Empatia:** habilidade de compreender e compartilhar os pensamentos e sentimentos das pessoas.

2. Desempenho

- **Comunicação eficaz e influência:** refere-se à capacidade de transmitir informações e ideias de maneira clara e persuasiva, impactando positivamente as atitudes e decisões dos outros.

- **Tomada de decisão:** envolve fazer escolhas fundamentadas e estratégicas entre várias opções, combinando intuição, análise crítica e consideração das consequências no longo prazo.

Principais competências emocionais associadas ao desempenho:

- **Identificar modelos mentais e emoções:** reconhecer como os padrões de pensamento e emoções influenciam os comportamentos.

- **Pensamento crítico:** avaliar criticamente os padrões de pensamento e emoções, determinando sua influência nos comportamentos.

- **Motivação intrínseca:** manter o foco e a determinação em direção aos objetivos por razões pessoalmente significativas.

- **Otimismo e criatividade:** encarar o futuro com confiança, vendo oportunidades em desafios e desenvolvendo soluções inovadoras.

- **Propósito:** sentido profundo de significado que direciona decisões, liberando energia vital para alcançar sucesso e satisfação em todas as áreas da vida.

3. Relacionamentos interpessoais

- **Networking:** estabelecimento e manutenção de uma rede de contatos que oferecem suporte, informações e oportunidades, baseando-se na construção de relações genuínas e no oferecimento de valor mútuo.
- **Vida pessoal:** qualidade e profundidade das conexões emocionais e sociais fora do ambiente profissional, sendo uma fonte de suporte, alegria e enriquecimento.

Principais competências emocionais associadas aos relacionamentos:

- **Empatia:** estabelecer uma compreensão profunda dos sentimentos e perspectivas dos outros.
- **Motivação intrínseca:** buscar relacionamentos baseados em conexões autênticas e valores compartilhados.
- **Otimismo e criatividade:** abordar interações com uma perspectiva positiva e soluções criativas para fortalecer laços.

4. Qualidade de vida

- **Conquista:** alcançar objetivos significativos, proporcionando um senso de progresso e realização pessoal.
- **Satisfação com a vida:** contentamento e bem-estar experimentados em nossa vida como um todo, refletindo nossa capacidade de apreciar e encontrar significado nas experiências diárias.

Principais competências emocionais associadas à qualidade de vida:

- **Motivação intrínseca:** direcionar esforços para alcançar metas que ressoem com nosso próprio senso de propósito.

- **Otimismo e criatividade:** encarar interações com uma perspectiva positiva e soluções criativas para fortalecer laços.

- **Propósito:** sentido profundo de significado que direciona decisões, liberando energia vital para alcançar sucesso e satisfação em todas as áreas da vida.

Ao compreender as competências emocionais e seu impacto nos fatores de sucesso, fica claro que o desenvolvimento da inteligência emocional é fundamental para uma vida plena e bem-sucedida. Este capítulo destaca a importância de cultivar essas habilidades, não apenas para melhorar individualmente cada área de sucesso, mas também para promover uma experiência de vida holística e profundamente gratificante. A aplicação da inteligência emocional capacita-nos a navegar com sabedoria e compaixão por um mundo em constante mudança, permitindo-nos alcançar os mais altos patamares de sucesso pessoal e profissional. Que este capítulo inspire cada um de nós a investir plenamente no desenvolvimento de nossa inteligência emocional, pois é através dela que desbloqueamos o potencial para uma vida mais rica, mais conectada e infinitamente gratificante.

Considerações finais

"O maior obstáculo para a descoberta não é a ignorância – é a ilusão de conhecimento."

Daniel Boorstin

À medida que nos aproximamos do desfecho desta jornada, é crucial refletir sobre a inestimável importância da inteligência emocional e suas oito competências, minuciosamente exploradas ao longo deste livro. Essas competências, longe de serem apenas conceitos teóricos, surgem como alicerces essenciais para manter nossa saúde emocional, mental e bem-estar em um mundo cada vez mais imprevisível, volátil e ambíguo.

Em meio a esse cenário de mudanças constantes, o autoconhecimento e o equilíbrio emocional assumem o papel de faróis, guiando-nos por entre as névoas da incerteza. Eles nos capacitam a compreender e administrar nossas reações internas diante das mudanças externas, permitindo uma resposta mais consciente e menos impulsiva. Essa habilidade de permanecer centrado e adaptável em meio ao caos não é apenas uma competência, torna-se uma necessidade vital.

Simultaneamente, o pensamento crítico e a ressignificação de emoções atuam como bússolas, orientando-nos a analisar situações complexas com clareza e a encontrar significados positivos em meio aos desafios. Esses pilares sustentam nossa capacidade de enfrentar adversidades com uma mente aberta e um coração resiliente, transformando obstáculos em oportunidades de crescimento e aprendizado.

A motivação intrínseca e o otimismo são como asas que nos impulsionam, incentivando-nos a avançar mesmo diante da incerteza. Eles nos inspiram a buscar realizações internas e a manter uma perspectiva otimista, fundamentais para a resiliência em tempos voláteis. São essas qualidades que nos permitem sonhar e aspirar, mesmo quando as circunstâncias parecem desfavoráveis.

A empatia e o propósito, por sua vez, são os alicerces que nos conectam com os outros e com nosso próprio eu interior. Eles nos capacitam a liderar e colaborar eficazmente em ambientes diversos, mantendo-nos alinhados com nossos valores e visão de longo prazo. A capacidade de se colocar no lugar do outro e agir com um propósito maior é o que nos torna verdadeiramente humanos.

Essas competências são cruciais para uma liderança inspiradora, fundamental para envolver as novas gerações e lidar com tendências, como o desengajamento e a "desistência silenciosa". Líderes equipados com essas competências são capazes de criar conexões autênticas e promover ambientes positivos, que incentivam a inovação e uma cultura de possibilidades.

Cada uma dessas competências transcende a teoria, sendo prática e mensurável. Por meio de avaliações, *feedbacks* e treinamentos contínuos, indivíduos e organizações têm a oportunidade de desenvolver e aprimorar essas habilidades. Elas constituem um conjunto essencial para quem busca prosperar em um mundo em constante evolução.

Ao refletir sobre a ciência da mente e a inteligência emocional, reconhecemos que as emoções são nossas aliadas, possuindo energia, dados e informações valiosas. Elas influenciam praticamente todas as áreas de nossas vidas, desde as pessoas que apreciamos até as decisões mais críticas que tomamos.

Portanto, continuar com a ideia de que nosso cérebro é um campo de batalha entre a lógica e a emoção é ignorar os recentes avanços da neurociência e da inteligência emocional.

As emoções nos impulsionam a sentir alegria, que nos dá energia para enfrentar desafios, buscar soluções criativas e resolver problemas. Elas também podem nos levar ao fundo do poço, mostrando a importância de abraçar cada emoção sem julgamento, transformando-as em oportunidades de aprendizado e de simplesmente aproveitar o momento presente.

Espero que a jornada de sua vida seja impulsionada por um propósito claro, na qual cada passo, mesmo aqueles que eventualmente levem a arrependimentos e ressentimentos, se transforme em valiosas lições e contribua para um caminho de crescimento, sabedoria e paz interior.

Que sua jornada traga serenidade e capacidade de valorizar momentos simples, como o sorriso de uma criança, uma flor se abrindo, o orvalho da manhã, o pôr e o nascer do Sol. Que esses instantes reflitam a luz, a esperança e a alegria, nutrindo uma vida autêntica, humana, compassiva, plena e saudável.

Em última análise, este trabalho não pretende provar verdades absolutas, mas espera sinceramente despertar novas perspectivas e contribuições para o leitor. Com humildade e reconhecimento da constante evolução da neurociência, inteligência emocional e psicologia positiva, esperamos que este livro seja um guia valioso em sua jornada de autodescoberta e crescimento.

Anexos

Esclarecendo seus valores

Preparado para um passo importante no autoconhecimento? No exercício "Esclarecendo seus Valores", vamos ajudar você a construir e fortalecer seus valores pessoais. Eles orientam nossas ações, moldam escolhas e definem nossa identidade. Ao identificá-los, ganhamos direção na vida, expressamos autenticidade e vivenciamos bem-estar. Quanto mais claros, mais coerência e alegria na jornada. Pronto para começar?

Valores e a motivação interna

Nossos valores são a bússola interna que guia nossa vida. Ao viver de acordo com eles, aumentamos nossa motivação. Porém, quando os nossos valores não podem ser expressos e respeitados em algum domínio da nossa vida, sentimos incoerência, inautenticidade e perda de energia.

É crucial alinhar-se com nossos valores para impulsionar a motivação e o bem-estar. Antes de aprofundar, vamos entender a diferença entre motivação interna e externa.

Motivação Interna X Motivação Externa

A Motivação Interna é nossa força interior, essencial para construir valores, como caráter e princípios. Ela gera satisfação e nos guia rumo à excelência em nossas ações.

Em contraste, a Motivação Externa vem de fora, estimulada por recompensas externas, como aprovação de um professor, do pai, do chefe, um bônus por metas atingidas, ou quando cuidamos do corpo para impressionar as pessoas.

Ao entender a diferença, percebemos como nossos valores estão ligados à motivação interna, onde agimos pelo valor da atividade em si, independente de aprovação externa.

Identifique seus valores centrais

A seguir, alguns exemplos de valores para que identifique os seus principais e escolha. Se quiser, pode acrescentar outros exemplos.

Considere apenas os valores que são os mais importantes em sua vida.

25 valores centrais

Depois de analisar as palavras a seguir, liste os 25 valores que mais representam você, sem se preocupar com a ordem de escolha.

Abundância

Aceitar variedade

Aceitação

Admiração

Ajudar a sociedade

Ajudar os outros

Amar a si mesmo

Amar ao próximo

Ambição

Amizade

Arrumação

Arte

Atencioso

Atitude positiva

Ativismo

Autenticidade

Autocontrole

Autorrespeito

Avanço

Aventura

Beleza
Bondade
Brincar
Caridade
Claridade
Colaboração
Compaixão
Competência
Competição
Compreensivo
Comunicação aberta
Comunidade
Confiabilidade
Confiança
Conhecimento
Consciência global
Contar histórias
Coragem
Costume
Credibilidade
Crescimento profissional
Crescimento pessoal
Criatividade
Cuidado
Cuidar de si mesmo
Cumprimento moral
Curiosidade
Democracia
Desafiando a si mesmo
Desafio
Desafio físico
Detalhista
Determinação
Direito dos animais

Direito trabalhista
Disponibilidade emocional
Diversidade cultural
Divertido
Empatia
Equilíbrio
Espiritualidade
Espontaneidade
Estabilidade
Estética
Estilo
Excitação
Experimentação
Expressão pessoal
Família
Fazer a diferença
Felicidade/Atitude positiva
Feminismo
Flexibilidade
Generosidade
Harmonia
Harmonia interna
Hierarquia
Honestidade
Honra
Humor
Igualdade para todos
Iluminação espiritual
Imaginação e prazer
Independência
Influenciando pessoas
Inovação
Inspirando outros
Integridade

Inteligência
Justiça
Lealdade
Liberdade
Liberdade na escolha
Liderança
Literatura
Mão de obra
Momentos de silêncio
Mudança e variedade
Música
Natureza
Ócio
Otimismo
Paixão
Patriotismo
Paz
Paz global
Pensamento clássico
Perdão
Perícia
Persistência
Perspectiva
Poder e autoridade
Positividade
Precisão
Profissionalismo
Proteger o ambiente
Qualidade de vida
Reconhecimento
Reflexão

Relação com esposo(a)
Respeito
Responsabilidades
Resultado
Risada
Santidade
Saudável
Saúde
Se abrir para amar
Se impor
Segurança
Segurança financeira
Sensualidade
Ser gentil
Simplicidade
Sinceridade
Sorrir para estranhos
Status intelectual
Suporte
Suporte de amigos
Tempo livre
Ter sonhos
Ter voz ativa
Tolerância
Tomando riscos
Tomar decisões
Tranquilidade
Valores da nação
Viver naturalmente
Viver seu sonho
Vizinhos

Escreva aqui suas escolhas:

Seis valores

Agora, vamos diminuir sua lista. Entre os 25 valores centrais, escolha apenas os seis mais importantes para você. Siga os passos:

1. Reflita sobre por que cada valor foi escolhido.
2. Escolha os 6 que considera mais fundamentais para sua vida.
3. Que valores não estaria disposto a comprometer.

Escreva aqui suas escolhas:

Onde seus valores estão expressos

Avalie quais dos seus 6 valores NÃO estão sendo expressos e respeitados em todas as áreas de sua vida. Agora, veja em qual domínio de sua vida esses valores não estão sendo respeitados:

1. **Trabalho:** escreva os valores não respeitados, se tem algum.
2. **Casa e ambiente pessoal:** escreva os valores não respeitados, se tem algum.
3. **Relação íntima:** escreva os valores não respeitados, se tem algum.
4. **Família:** escreva os valores não respeitados, se tem algum.
5. **Amigos / vida social:** escreva os valores não respeitados, se tem algum.

Impacto dos valores não expressos

Qual é o impacto que os valores não expressos e não respeitados têm para você? Descreva como se sente, que pensamentos vêm à tona, como estes influenciam seus comportamentos e suas relações.

1. Trabalho
2. Casa e ambiente pessoal
3. Relação íntima
4. Família
5. Amigos e vida social

Reflexão profunda e coerência

Quando valores que são sagrados para nós não são expressos ou respeitados em áreas importantes da nossa vida, como relações íntimas, família ou trabalho, isso pode impactar negativamente nossa motivação interna e bem-estar. Isso acontece porque há uma desconexão entre o que valorizamos profundamente e como vivemos realmente. Para entrar em coerência com seus valores nesses domínios da vida e enfrentar essa situação, é importante separar as ações em duas categorias: aquelas que estão sob nosso controle e aquelas que estão fora do nosso controle.

O que está sob nosso controle

1. **Autoconhecimento:** dedique tempo para refletir profundamente sobre seus valores centrais e como eles se alinham com cada aspecto da sua vida. O Mapeamento Diário de Emoções e a meditação são ferramentas poderosas nesse processo.

2. **Comunicação assertiva:** aprenda a expressar seus valores e necessidades de maneira clara e respeitosa nos seus relacionamentos pessoais e profissionais. Isso pode envolver o desenvolvimento de habilidades de comunicação e negociação.

3. **Estabelecimento de limites:** defina limites saudáveis que protejam seus valores e bem-estar emocional. Isso pode significar dizer não a compromissos que conflitem com seus valores ou buscar ambientes de trabalho e sociais mais alinhados com o que você valoriza.

4. **Ação direcionada:** tome medidas práticas para alinhar sua vida com seus valores. Isso pode incluir mudanças de carreira, ajustes no estilo de vida ou a busca por comunidades que compartilhem dos mesmos valores.

O que está fora do nosso controle

1. **Aceitação:** reconheça e aceite que nem sempre podemos mudar as circunstâncias ou o comportamento dos outros. Concentre-se em sua resposta às situações e como você pode manter a integridade de seus valores, mesmo em face da adversidade.

2. **Busca de apoio:** quando enfrentar obstáculos que estão fora de seu controle, não hesite em buscar apoio. Isso pode vir de amigos, família, grupos de apoio alinhados com seus valores ou profissionais de saúde mental.

3. **Resiliência:** desenvolva resiliência emocional praticando as intervenções da Kronberg, mantendo uma perspectiva positiva. Isso também inclui atividades, como exercícios físicos, hobbies que você ama, e práticas de *mindfulness*.

4. Flexibilidade: esteja aberto a reavaliar seus valores e abordagens à medida que você cresce e sua vida muda. A flexibilidade pode ajudar a navegar por situações fora de seu controle com serenidade e adaptabilidade.

Ser coerente com seus valores exige um compromisso contínuo com o autoconhecimento, ação consciente e adaptação às mudanças da vida. Lembre-se de que este é um processo e que pequenos ajustes levam a grandes melhorias no seu bem-estar geral.

Reflita e responda em seguida:

O que você pode fazer para ser coerente com seus valores em todas as áreas de sua vida?

1. Trabalho
2. Casa e ambiente pessoal
3. Relação íntima
4. Família
5. Amigos / vida social

Base para suas metas e bem-estar

Continue fortalecendo seus valores centrais!

Fortalecendo seus valores centrais e as áreas da vida em que eles se aplicam, é possível definir metas mais alinhadas com seus valores e, consequentemente, encontrar mais realização e satisfação em suas escolhas e ações diárias, melhor estado e percepção da saúde e bem-estar.

Referências bibliográficas

ADLER, Alfred. *Understanding human nature*. Editora One World, 1998.

AHMED, S. *The cultural politics of emotion*. Edinburgh University Press, 2004.

AMERICAN ACADEMY OF PEDIATRICS. "The effects of media use on children and adolescents". *Pediatrics*, vol. 142, n. 3, 2018, e20182158.

AMERICAN PSYCHOLOGICAL ASSOCIATION. "The role of empathy in teaching culturally diverse students: A qualitative study of teachers' beliefs". *Journal of Teacher Education*, vol. 67, n. 4, 2016, pp. 271-287.

AQUINO, T. de. *Summa Theologiae*.

ARISTOTLE. Ética a *Nicômaco*.

ARDEN, John B. *Rewire your brain: Think your way to a better life*.

BAIN, Alexander. The senses and the intellect. Ed. Scholarly Publishing Office, University of Michigan Library, 2015.

BAR-ON, R. *The emotional quotient inventory (EQ-i): A test of emotional intelligence*. Toronto, Ontario, Canada: Multi-Health Systems, 1997.

BARRETT, Lisa Feldman. *How emotions are made: The secret life of the brain*. Houghton Mifflin Harcourt, 2017.

BARRETT, Lisa Feldman; NIEDENTHAL, Paula M. et al. *The psychology of emotion: Interdisciplinary perspectives*. Editora não especificada, 2005.

BENEDETTI, Fabrizio. *Placebo effects: Understanding the mechanisms in health and disease*. Oxford University Press, 2008.

BLEHM, Eric. Fearless: *The undaunted courage and ultimate sacrifice of Navy SEAL Team SIX Operator Adam Brown*.

BLOCH, Marc. *Apologia da história ou o ofício do historiador*. Ed. Zahar, 2002.

BOCK, A. M. B. *Psicologia do autoconhecimento: Uma abordagem fenomenológica*. Editora Vozes, 2016.

BRACKETT, M. A.; RIVERS, S. E. & SALOVEY, P. "Emotional intelligence: Implications for personal, social, academic, and workplace success." *Social and Personality Psychology Compass*, vol. 5, n. 1, 2011, pp. 88-103.

CARUSO, D. R. & SALOVEY, P. *Liderança com inteligência emocional: Aprenda a utilizar habilidades emocionais para uma liderança e administração eficientes.* M. Books, 2006.

CSIKSZENTMIHALYI, M. *Flow: The psychology of optimal experience.* Harper & Row, 1990.

CSIKSZENTMIHALYI, M. *Good business: Leadership, flow, and the making of meaning.* Penguin Books, 2004.

CSIKSZENTMIHALYI, M. *Applications of flow in human development and education: The collected works of Mihaly Csikszentmihalyi.* Springer, 2014.

CSIKSZENTMIHALYI, M. & RATHUNDE, K. "The measurement of flow in everyday life: Towards a theory of emergent motivation." In J. E. Jacobs (Ed.), Nebraska Symposium on Motivation, vol. 40, The University of Nebraska Press, 1993, pp. 57-97.

DAMASIO, A. *Descartes' error: Emotion, reason, and the human brain.* Avon Books, 1994.

DAVIDAI, Shai. "The psychology of zero-sum beliefs". *Nature Reviews Psychology*, maio de 2023.

DEL CANALE, Thomas et al. "The influence of physician empathy on patient satisfaction and compliance". *Evaluation & the Health Professions*, vol. 31, n. 3, 2008, pp. 414–420.

DIVINE, Mark. *Unbeatable mind: Forge resiliency and mental toughness to succeed at an elite level.*

DOIDGE, Norman. *The brain that changes itself.*

DWECK, Carol S. *Mindset: The new psychology of success.* Ballantine Books, 2006.

EKMAN, P. "An argument for basic emotions." *Cognition & Emotion,* vol. 6, n. 3-4, 1992, pp. 169-200.

EKMAN, P. & FRIESEN, W. V. "Constants across cultures in the face and emotion." *Journal of Personality and Social Psychology*, vol. 17, n. 2, 1971, pp. 124-129.

ELIAS, N. (1939). The civilizing process. Blackwell.

EMMONS, Robert A. *The gratitude curriculum for kids.*

ESLINGER, P. J., et al. "Neurogenesis in the adult human hippocampus." *Nature Medicine*, vol. 4, n. 11, 1998, pp. 1313-1317.

FEBVRE, Lucien. *Combates pela história.* Ed. Jorge Zahar Editor, 1992.

FIGLEY, Charles R. *Compassion fatigue: Coping with secondary traumatic stress disorder in those who treat the traumatized.*

FRANKL, Viktor E. *Em busca de sentido: Um psicólogo no campo de concentração.* Editora Vozes, 1988.

FREUD, Sigmund. "Edição Standard Brasileira das Obras Psicológicas Completas de Sigmund Freud." Imago Editora, 2019.

Freud, Sigmund. *Beyond the pleasure principle.* Hogarth Press, 1920.

GIORGIEVA, Milena; MILOSHEV, George et al. *Mirror neurons and empathy-related regions in psychopathy: Systematic review, meta-analysis, and a working model.* PubMed, Oct 2022.

GOLEMAN, Daniel. *Emotional intelligence: Why it can matter more than IQ.* Bantam Books, 1995.

GOLEMAN, Daniel. *Inteligência emocional: A teoria revolucionária que redefine o que é ser inteligente.* Objetiva, 1995.

GOLEMAN, Daniel. *Working with emotional intelligence.* Bantam Books, 1998.

GRATITUDE WORKS: A 21-Day Program for Creating Emotional Prosperity.

GRUENFELD, D. H., et al. "Power and the objectification of social targets." *Journal of Personality and Social Psychology.*

HALPERN, Jodi. "Empathy and patient-physician conflicts". *Journal of General Internal Medicine*, vol. 22, n. 5, 2007, pp. 696-700.

HARVARD BUSINESS REVIEW. "If you can't empathize with your employees, you'd better learn to", by Annie McKee, November 16, 2016.

HEYES, Cecilia. *Empathy is not in our genes.*

HOJAT, Mohammadreza et al. "Physician empathy: Definition, components, measurement, and relationship to gender and specialty". *American Journal of Psychiatry*, vol. 159, n. 9, 2002, pp. 1563-1569.

HOGEVEEN, J., et al. "Power changes how the brain responds to others." *Journal of Experimental Psychology: General.*

HOLT-LUNSTAD, J.; SMITH, T. B. & LAYTON, J. B. "Social relationships and mortality risk: a meta-analytic review." *PLoS medicine*, vol. 7, n. 7, 2010, e1000316.

JAMES, William. "What is an emotion?" *Mind,* vol. 9, n. 34, 1884, pp. 188-205.

JONES-SMITH, E. *Strengths-based therapy: Connecting theory, practice, and skills.* Sage Publications, 2011.

KAHNEMAN, Daniel. *Thinking, fast and slow.*

KONRATH, S. H.; O'BRIEN, E. H. & HSING, C. "Changes in dispositional empathy in American college students over time: A meta-analysis". *Personality and Social Psychology Review*, vol. 15, n. 2, 2011, pp. 180-198.

LAZARUS, R. S. *Emotion and adaptation.* Oxford University Press, 1991.

LEDOUX, Joseph. *The synaptic self: How our brains become who we are.* Viking, 2002.

LEV, Hannah; KONRATH, Sara et al. *The neuroscience of social feelings.* PubMed, 2021 Sep.

LEWES, George Henry. Problems of life and mind. Ed. D. Appleton, 1880-1881.

LINLEY, P. Alex et al. "Strengths coaching with leaders". *International Coaching Psychology Review,* vol. 4, n. 1, March 2009.

LYUBOMIRSKY, Sonja. *The how of happiness: A new approach to getting the life you want.* Penguin Books, 2008.

MAGUIRE, E. A., et al. "Navigation-related structural change in the hippocampi of taxi drivers." *Proceedings of the National Academy of Sciences,* vol. 97, n. 8, 2000, pp. 4398-4403.

MAKOUL, Gregory & EPSTEIN, Ronald M. "Physician empathy and listening: Associations with patient satisfaction and autonomy". *The Journal of the American Board of Family Medicine,* vol. 19, n. 5, 2006, pp. 441-452.

MARQUARDT, Michael J. *Leading with questions: How leaders find the right solutions by knowing what to ask.*

MCGREGOR, Jane & MCGREGOR, Tim. *The empathy trap: Understanding antisocial personalities.*

MURTHY, V. H. *Work and the loneliness epidemic.*

NAKAMURA, J. & CSIKSZENTMIHALYI, M. *Flow theory and research.* Oxford Handbook of Positive Psychology.

NIETZSCHE, Friedrich. *Assim falou Zaratustra.* Editora l pm, 2013.

NIEMIEC, R. *Via character strengths: Research and practice.* VIA Institute on Character, 2013.

NUSSBAUM, M. Upheavals of thought: The intelligence of emotions. Cambridge University Press, 2001.

OHENE, S. et al. "Parental expectations, physical punishment, and violence among adolescents who score positive on a psychosocial screening test in primary care." *Pediatrics,* vol. 117, 2006, pp. 441-447.

P. Alex Linley, Linda Woolston & Robert Biswas-Diener. Strengths coaching with leaders. International Coaching Psychology Review • Vol. 4 No. 1 March 2009 © The British Psychological Society – ISSN: 1750-2764

PANKSEPP, J. *Affective neuroscience: The foundations of human and animal emotions.* Oxford university press, 1998.

PANKSEPP, J. & BIVEN, L. *The archaeology of mind: Neuroevolutionary origins of human emotions.* WW Norton & Company, 2012.

PESSOA, L. *The cognitive-emotional brain: From interactions to integration.* MIT Press, 2013.

PHELPS, E. A. & LEDOUX, J. E. "Contributions of the amygdala to emotion processing: From animal models to human behavior". *Neuron,* vol. 48, n. 2, 2005, pp. 175-187.

PLAMPER, Jan. *The history of emotions: An introduction.* Oxford University Press, 2015.

PLATO. *The Republic.* Trans. G. M. A. Grube. Hackett Publishing Company.

PRACTICAL NEUROLOGY. *The science behind the powerful benefits of having a purpose.* September 2015.

REDDY, W. M. (2001). The navigation of feeling: a framework for the history of emotions. Cambridge University Press.

ROGERS, Carl. *On becoming a person: A therapist's view of psychotherapy.* Houghton Mifflin, 1961.

ROSENWEIN, B. H. (2002). Worrying about emotions in history. The American historical review.

ROSENWEIN, B. H. (2006). Emotional communities in the early middle ages. Cornell University Press.

SALOVEY, P. & MAYER, J. D. "Emotional intelligence". *Imagination, Cognition and Personality,* vol. 9, n. 3, 1990, pp. 185-211.

SCHERER, K. R. "Appraisal theory." In *Handbook of cognition and emotion,* Wiley, 1999, pp. 637-663.

SCHWARTZ, Richard C. *Internal family systems therapy.* The Guilford Press, 1995.

SEGAL, Z.; WILLIAMS, J. M. G. & TEASDALE, J. D. *Mindfulness-based cognitive therapy for depression.* Guilford Press, 2002.

SELIGMAN, M. E. P. *Flourish: A visionary new understanding of happiness and well-being.* Free Press, 2011.

SELIGMAN, M. E. P. *Authentic happiness: Using the new positive psychology to realize your potential for lasting fulfillment.* Free Press, 2002.

SELIGMAN, M. E. P. & CSIKSZENTMIHALYI, M. "Positive psychology: An introduction." *American Psychologist*, vol. 55, n. 1, 2000, pp. 5-14.

Seligman, M. E., Steen, T. A., Park, N., & Peterson, C. (2021). Positive psychology progress: Empirical validation of interventions. American Psychologist, 60(5), 410-421.

SHAPIRO, S. L.; ASTIN, J. A.; BISHOP, S. R. & CORDOVA, M. "Mindfulness-based stress reduction for health care professionals: Results from a randomized trial". *International Journal of Stress Management*, vol. 12, n. 2, 2005, pp. 164–176.

SHAVER, P. & MIKULINCER, M. "Meaning, mortality, and choice: The social psychology of existential concerns." *APA Handbook of Personality and Social Psychology*, vol. 1. Attitudes and Social Cognition, American Psychological Association, 2015, pp. 681-712.

SIMON, H. A. "A behavioral model of rational choice". *The Quarterly Journal of Economics*, vol. 69, n. 1, 1955, pp. 99-118.

SMITH, A. *The theory of moral sentiments.* 1759.

SNYDER, C. R. & LOPEZ, S. J. *Handbook of positive psychology.* Oxford University Press, 2006.

STEIN, D. J. et al. "A review of the neurobiology of pathological gambling and future directions." *Progress in Neuro-Psychopharmacology and Biological Psychiatry*, vol. 30, n. 5, 2006, pp. 646-659.

STEIN, M. B., et al. "Genetic and environmental influences on trauma exposure and posttraumatic stress disorder symptoms: a twin study." *American Journal of Psychiatry*, vol. 164, n. 10, 2007, pp. 1693-1699.

STOLOROW, R. D.; ATWOOD, G. E. & ORANGE, D. M. "The intersubjective perspective." *Psychoanalytic Study of the Child*, vol. 61, n. 1, 2006, pp. 243-267.

SUTTON, R. E. & WHEATLEY, K. F. "Teachers' emotions and teaching: A review of the literature and directions for future research." *Educational Psychology Review*, vol. 12, n. 3, 2000, pp. 327-358.

TANGNEY, J. P. & DEARING, R. L. *Shame and guilt.* Guilford Press, 2003.

TAYLOR, C. *Sources of the self: The making of modern identity.* Harvard University Press, 1989.

TITCHENER, E. B. *A textbook of psychology.* Macmillan, 1910.

TRIVERS, R. L. "The evolution of reciprocal altruism". *Quarterly Review of Biology*, vol. 46, n. 1, 1971, pp. 35-57.

UCHINO, B. N. "Understanding the links between social support and physical health: A life-span perspective with emphasis on the separability of perceived and received support." *Perspectives on Psychological Science*, vol. 4, n. 3, 2009, pp. 236-255.

VAN DER KOLK, Bessel. *The body keeps the score: Brain, mind, and body in the healing of trauma.* Penguin Books, 2015.

VILLEGAS, J. D. & LUCAS, L. R. "A comparison of the effects of punishment on males and females: Are males more sensitive to punishment?" *Physiology & Behavior*, vol. 75, n. 1-2, 2002, pp. 191-201.

WAGNER, R. K. & STERNBERG, R. J. "Practical intelligence in real-world pursuits: The role of tacit knowledge". *Journal of Personality and Social Psychology*, vol. 75, n. 4, 1998, pp. 808-819.

WARREN, C. et al. "Psychopathy and instrumental aggression: Evolutionary, neurobiological, and legal perspectives". *International Journal of Law and Psychiatry*, vol. 31, n. 4, 2008, pp. 253-262.

WEISS, R. S. "The provisions of social relationships." In *Doing unto others*, Lawrence Erlbaum, 1974, pp. 17-26.

WILBER, Ken. *A theory of everything: An integral vision for business, politics, science and spirituality.* Shambhala, 2000.

WILLIAMS, M. & PENMAN, D. *Mindfulness: A practical guide to finding peace in a frantic world.* Piatkus, 2011.

WILSON, T. D. et al. "Introspecting about reasons can reduce post-choice satisfaction". *Personality and Social Psychology Bulletin*, vol. 23, n. 6, 1997, pp. 495-500.

YALOM, I. D. *Existential psychotherapy.* Basic Books, 1980.

ZAKI, J. "Empathy: A motivated account." *Psychological Bulletin*, vol. 140, n. 6, 2014, pp. 1608-1647.

ZAJONC, R. B. "Feeling and thinking: Preferences need no inferences." *American Psychologist*, vol. 35, n. 2, 1980, pp. 151-175.

ZAROFF, Charles M. "The challenge of the abled teacher". *Educational Leadership*, vol. 65, n. 1, 2007, pp. 16-20.